모리 차장의
비밀과외

40-SAI KARA NO SHIGOTO-JUTSU by Shinji Yamamoto
Copyright ⓒ 2004 Shinji Yamamoto
All rights reserved.
Original Japanese edition published by SHINCHOSHA Publishing Co., Ltd.

This Korean language edition published by arrangement with
Publishing Co., Ltd., Tokyo in care of Tuttle-Mori Agency, Inc., Tokyo
through Imprima Korea Agency, Seoul.

이 책의 한국어판 저작권은
Tuttle-Mori Agency, Inc., Tokyo와 Imprima Korea Agency를 통해
SHINCHOSHA와의 독점계약으로 수린재에 있습니다. 저작권법에 의해 한국 내에서 보호를 받는 저작물이므로 무단전재와 무단복제를 금합니다.

모리 차장의
비밀과외

1판 1쇄 발행 | 2009년 7월 11일

지은이 | 야마모토 신지
옮긴이 | 홍창미
펴낸이 | 황현덕
펴낸곳 | 수린재

등록 | 제105-90-78139호
주소 | 서울시 마포구 서교동 352-5
전화 | (02)323-2191
팩스 | (02)323-2276
이메일 | sulinjae@paran.com
표지·내지 디자인 | design86 김미정, 진유근

ⓒ 2009 수린재
ISBN 978-89-956248-8-3 03320

책값은 뒤표지에 있습니다.
잘못 제본된 책은 바꾸어드립니다.

모리 차장의
비밀과외

야마모토 신지 지음 **홍창미** 옮김

수린재

저자의 말

이제 서점의 비즈니스 서적 코너는 비즈니스 스킬 책을 모아놓은 도서관의 양상을 띠고 있다. 「영어능력」「전략사고」「문장의 기술」「질문기술」「도표 만들기 기술」「시간 관리술」등. 지금까지는 서점에서 소극적인 보조 역할을 맡고 있던 비즈니스 노하우 책이 당당하게 주역의 위치를 점하고 있는 것이다.

얼마 전 회사 근처의 단골 서점에서 재미있는 광경을 목격했다. 필자와 비슷한 40대 중반의 샐러리맨이 줄곧 서서 책읽기에 빠져 있는 것을 보고, 제목을 살짝 훔쳐보았다. 비즈니스 스킬 책이었다. 몇 분 후, 그는 결국 아무런 책도 사지 않고 그 서점을 떠났다. 비즈니스 노하우 책을 진지하게 읽는다는 것에 저항감이 있었던 것은 아닐까, 하고 나는 혼자 생각했다.

필자는 젊었을 때 몇 년간 잠시 일본기업에 근무하였고, 그 후 지금까지 14년간 외국계 컨설팅 회사에 다니고 있다.

최근, 국내기업에서 전직한 40대의 직장인과 일할 기회가 많았다. 그런데 신기하게도 10명 중 7-8명이 똑같은 말을 한다. "거대 업계의 활동과 초미니 비즈니스에 관한 식견에는 자신이 있다. 그러나 컨설턴트처럼 문서를 쓰거나 프레젠테이션을 하는 것은 잘 못 한다"라는 내용이다.

「이도저도 아니다」, 우리 40대 비즈니스맨에게는 그 말이 숙명적으로 따라붙는 것일지도 모른다.

최근 수 년간 붐을 일으켰던 「비지니스 스킬」을 새삼스레 공부한다는 것은 왠지 기죽는 일이다. 이 정도로 각광을 받으리라곤 생각지 않았던 MBA나, 요즘 주목받고 있는 법과대학원에서 공부하는 것은 다소 뒷북치는 감이 없지 않다. 아직까지 비즈니스 인생에서 갈 길이 멀고, 새로운 스킬도 중요하다는 것은 느끼고 있다. 그러나 현 상황에서는 시대의 요청과 자신의 역량이 이도저도 아니게 버무려지고 말았다. 14년 전에 나는, 새로운 비즈니스 스킬의 습득에 심한 압박감을 느꼈다. 컨설턴트로서의 기본 소양을 익히기 위해서였다. "up or out" (성장하라! 아니면 아웃이다)라는 가혹한 환경 속에서 내가 전혀 갖추지 못한 스킬을 필사적으로 배워야 했다. 그리고 어느 정도 나 자신의 모습이 눈에 보이기 시작했던 수 년 전부터는 반대로 젊은 친구들이나 클라이언트들에게 일을 통해서 비즈니스 스킬을 전달하는 입장이 되었다. 그때, 친하게 지냈던 클라이언트였던 40대 중반의 샐러리맨으로부터 비즈니스 스킬을 가르쳐 달라는 의뢰를 받았다. 그러나, 필자의 본업은 기업에 대한 컨설팅이지 교육은 아니다. 과도한 요금을 받고 클라이언트를 교육하는 것은 비현실적이고 시간도 없었다.

그래서 생각나는 대로 여러 분야에 대해 어드바이스를 하려고 프로그램을 생각했다. 옆에서 보면 단순하게 떠드는 것으로 밖에 보이지 않지만 강의 장소는 점심시간의 레스토랑이나, 술 한잔 걸치는 선술집이 되기도 했고, 함께 찾아간 서점이 되기도 했다.

그 과외수업을 통해서 두 가지를 발견할 수 있었다. 첫째, 전형적인 40대 샐러리맨은 아주 사소한 어드바이스로 충분히 새로운 비즈니스 스킬을 몸에 익힐 수 있을 정도의 잠재능력을 갖고 있다. 둘째, 일상적인 업무나 가정생활에 바쁜 나머지 체력도 하향세에 접어든 그들에게는 「전략」이라는 사고방식이 한층 중요하다.

「전략」이란 말은 여러 가지 의미로 사용된다. 필자가 생각하는 정의는 「명확한 자원제약 가운데 활동성과를 최대화하기 위해 자원투입의 우선순위를 확실히 하는 것」=「유한한 자원의 한계에 골머리를 앓는 기업이나 개인에게 있어서는 무엇을 할 것인가를 결정할 것이 아니라, 무엇을 하지 않을 것인지를 결정하는 것」=「버림의 의사결정」이다. 40대가 학습에 할애할 수 있는 시간은 매우 적다. 최대한의 효과를 얻기 위한 「전략」의 입안 없이 현실적인 학습은 불가능하다. 40대의 「보통」 비즈니스맨은 변화하지 않으면 안 된다는 문제의식을 느끼고 있는 것 같다. 그러나 변혁에의 의욕은, 단순한 「변신열망」으로 끝나버리는 경우가 대부분이다.

필자가 서점에서 목격한 샐러리맨도 이런 경우였을 것이다. 이래서는 곤란하다. 실무에 정통하고 회사의 핵심을 떠받치고 있는 우리 동료가 스스로 변화를 이룸으로써 기업은 진정으로 발전할 수 있다. 그러기 위해서 필자도 뭔가를 해야만 했다. 그런 마음으로 본서를 쓰기 시작했다.

본서에는 비즈니스 스킬 책이다. MBA교육의 본질에서부터 영어학습법, 생각하는 기술, 분석기술, 커뮤니케이션 기술, 시간관리술, 인간관계 구축술 등이 내용을 이루고 있다. 본서가 다른 비즈니스 스킬 책들과 구분되는 것은 이 여러 가지 기술들이 하나의 큰 줄기를 관통하고 있다는 것이다. 그렇다,「전략」의 시점으로 책을 관철하는 것이다. 무엇을 버리고 무엇을 우선할 것인가. 이러한 개념을 명확히 한 교과서적인 실천「변화지도서」를 의도했다.

40대에게 새로운 교육이 필요한 것은 아니다. 이미 갖추고 있는 밤하늘의 별무리와도 같이 많은 지식과 경험을 확 뒤집어서 체계화 해주는 것, 그런 체험을 하기 위한 몇 가지 방법과 힌트를 제시하려는 게 나의 의도다. 게다가 현장감을 자아내기 위해서 처음부터 끝까지 이야기 형식을 취했다. 물론 이야기는 픽션이며 실제 인물, 조직과는 전혀 관계가 없다. 이미 대기업에도 40대 경영자가 나타나고 있다. 앞으로도 여러 방면에서 40대가 기업과 국가를 바꾸기 위해 중요한 임무를 완수하게 되리라고 생각한다.

40대 비즈니스맨의 도약을 위해 본서가 미약하나마 도움이 되었으면 좋겠다. 독자 가운데 많은 차세대 리더가 등장하기를 기원하고 있다. 그러면, 평범한 40대가 자신을 변화시키는 이야기를 마음껏 즐겨주시기 바란다.

프롤로그 | 40세, 새로운 출발점에 서다

제1장 MBA는 필요 없다 ··········· 19

- *자신감 상실의 원인은 3가지가 있다 _ 20
- *MBA의 진짜 가치를 따져보라 _ 23
- *이제 MBA는 희소성이 전혀 없다 _ 27
- *영어공부도 전략적으로 하라 _ 30
- *영어공부, 잘 할 수 없는 분야는 버려라 _ 34
- *40대는 변혁진공층이다 _ 38
- *신바시 비즈니스 스쿨을 개교하다 _ 42

제2장 자신의 시각으로 생각하는 법을 배운다 ······ 47

- *스스로의 머리로 생각하라 _ 48
- *콜럼버스 달걀의 원리를 인식하라 _ 51
- *상상하라, 이미지네이션이다 _ 56
- *신문, 잡지, 경영서는 3악이다 _ 62
- *다른 분야로부터의 자극을 적극적으로 수용하라 _ 68
- *과거를 버리는 용기가 필요하다 _ 74

> 제1회 **강의 정리**

제3장 본질부터 찌르는 분석기술을 몸에 익힌다 ··· 79

- *새로운 과제가 주어지다 _ 80
- *상식이라는 벽은 만만치가 않다 _ 83

＊과학적 합리주의를 적용하라 _ 88
＊가짜 분석과 진짜 분석을 구분하라 _ 94
＊우등생형 전수조사는 필요 없다 _ 99
＊가설검증법은 전략적 어프로치다 _ 102
＊가설의 설정 방법을 훈련하라 _ 106
＊3C의 프로세스를 의식화하라 _ 110
＊엉덩이부터 생각하라 _ 113

제2회 강의 정리

제 4 장 프레젠테이션, 메시지를 판다 ·················117

＊프레젠테이션에 실패하다 _ 118
＊메시지를 밀어내기만 하는 것은 커뮤니케이션이 아니다 _ 122
＊스토리 라인을 구성하라 – **대본의 레이아웃** _ 125
＊하나의 슬라이드에 하나의 메시지만 넣어라 – **대본의 제작** _ 129
＊듣는 사람들을 의식하라 – **대본에 충실한 표현** _ 132
＊공감을 얻어라, 커뮤니케이션은 전략이다 _ 136
＊위로부터의 개혁과 아래로부터의 개혁을 조합하라 _ 140
＊숫자를 이용하라 – **연출기법(1)** _ 144
＊도형을 이용하라 – **연출기법(2)** _ 148
＊5C를 기억하라 _ 151

제3회 강의 정리

제 **5** 장 자신을 변화시키는 전략을 세운다 155

* 반 년 만에 변화를 느낄 수 있는가 _ 156
* 전직을 제의받다 _ 160
* 공처불황이 문제다 _ 164
* 가족을 상대로 IR활동을 구상하다 _ 168
* 시간이라는 자원을 효율적으로 분배하라 _ 172
* 업무를 분류하고, 선택하고, 집중하라 _ 177
* 인간관계를 어떻게 할 것인가 _ 181
* 인간관계, 신경을 쓰지 말고 머리를 써라 _ 184

제3회 강의 정리

에필로그 | 결단을 내리다 _ 189

저자후기 _ 196

프롤로그 - 40세, 새로운 출발점에 서다

「마흔」이란 말이 머릿속을 맴돌았다. 모리는 내일 40세 생일을 맞이한다. 생일이 더 이상 즐거운 행사가 아니게 된 지는 꽤 오래 되었다.
"이젠 정말 사십인가?"
최근에는 몸 상태가 좋은 날이 거의 없다. 월요일부터 술자리가 계속되어 평소보다 좀 늦게 잠자리에 든 모리는 마흔이라는 말에 불안감을 느끼고 있었다.
스즈키와 아베. 그들은 조금 전까지 함께 술자리를 했던 친구들이다. 굴지의 전기기기 회사인 동부전기주식회사에 같이 입사했던 입사동기이지만 아직까지 동부전기에 남아있는 것은 모리뿐이다.
"모리는 우리들과는 다르잖아. 대단한 충성심이지."
"입사 때부터 가장 주목받는 유망주였잖아."
친구는 한마디씩 번갈아 칭찬이다. 모리의 기분은 더욱 우울해졌다.
"드디어 나도 너희들한테 동정받는 신세가 된 모양이구나"
그는 내뱉듯이 말했다. 즐거워야할 간만의 술자리가 한순간 썰렁해지는 것을 느꼈다. 예상대로 동부전기도 구조조정이 한창이다. 쥐꼬리만한 보너스에 실적급까지. 본부에 근무하는 경영기획맨에게는 상당히 괴로운 급여체계이다. 주택할부금만 없다면 그런대로 살아가겠지만 「자금상황」은 솔직히 말해 괴로운 상태다.

"너희들은 처신 잘했지. 스즈키는 입사 5년째에 휴직하고 자비유학으로 MBA를 따서, 30대 초반에 화려하게 외국계 컨설팅회사로 전직했고. 지금은 그 회사의 파트너로 잘 나가고 있잖아. 세상이 흔히 말하는 엘리트지. 아베는 30대 중반에 실무경험을 살려 외국계 큰 회사로 전직했지. 스즈키와 달리 태평스럽던 녀석이었는데 돈, 일, 삶에서도 적당히 충실한 날들을 나름대로 즐기고 있는 것 같고 말이지.

거기에 비해 나는..... 영어는 어전히 버벅거리고 유학보다는 본부의 주력부문에 등용되기를 노리고 죽기살기로 일해 온 결과가 이거야. MBA도 없고. 정신차리고보니 글로벌 비즈니스의 최전선과는 동떨어지고 시대에 뒤쳐진, 우리 회사에서만 통용되는 인간이 되어버린 것 같다. 입사 때는 분명히 엘리트라고 인정받았는데, 그 이후로는 이렇다 할 만한 실적도 올리지 못하고 그저 약삭빠른 중견 샐러리맨으로 추락해버렸어. 지금은 아무도 나를 임원후보로 봐주지 않을 거야."

한숨이 새어 나왔다. 머릿속에는 조금 전의 정경이 선명하게 살아났다. MBA. 영어, 컨설팅 스킬, 장래라....... 중얼거리면서 모리는 머리 위로 이불을 뒤집어썼다.

다음 날 아침, 아직 무거운 머리로 출근을 했다.

"좋은 아침입니다, 차장님. 어디 안 좋으세요?"

"으응... 머리가 조금 아파서. 어제 밤에도 한잔 했거든."

입사 2년차인 카나코에게 모리는 생각없는 대꾸를 하였다.

"저도 어제 밤에 3시까지 토플 공부를 했어요. 좀 멍하지만 괜찮은데요."

"젊어서 좋겠다."

모리는 마음속으로 외쳤다. 이 녀석도 스즈키와 같은 종족인가. 앞으로 2-3년 열심히 일하고 돈을 모아서 미국으로 MBA를 따러 가겠다고 했었다. 동기뿐 아니라 젊은 애들한테까지 나무토막 취급을 당하고 있는 느낌이다.

마음이 무거웠지만 일에 착수했다. 아침부터 도착한 메일이 있었다. 스즈키로부터였다.

모리. 생일 축하한다. 어제 밤은 미안했다. 네 생일을 축하하려고 모였는데 외국계 밥을 먹는 우리 두 놈의 속내 이야기만 한 것 같아서 말이야. 네가 먼저 일어난 뒤에, 아베와 이야기했다. 네가 걱정된다. 우리 동기 중에서 단연 빛나는 별이었던 모리의 기운없는 모습을 보고 적지 않게 충격을 받았다.

동부전기는 상황이 나쁘다고는 말할 수 없다고 본다. 외부의 신용등급 평가 기관이나 증권 애널리스트의 평가도 나쁘지 않아. 지금 이야말로 네가 떨치고 일어나 본격적으로 회사를 바꿔나가면 좋겠다. 아베와 나는 옛날의 동부전기맨으로서 동부전기가 강하고 존경

받는 회사가 되기를 진심으로 바라고 있다. 현주소는 달라도 사회인으로서의 첫발을 내디뎠고 비즈니스맨 인생의 기초를 만들어 준 동부전기는 우리에게 있어서 영원한 고향이다. 잘 부탁한다.

우리는 언제라도 너의 서포터이다. 너를 좋아하고, 존경하고 있다. 고민이 있으면 힘닿는 한 도울 테니 주저없이 무엇이라도 상의해주기 바란다. 혹시라도 내가 오버했다면 미안한 일이고, 그렇기를 간절히 바란다.

우리들 중 가장 늦게 40세를 맞이한 모리에게.

두 사람을 대표해서 스즈키가.

스즈키, 아베.

진심어린 메일, 고맙다.

아침에 너희들의 메일이 가장 먼저 눈에 띠었다. 이런 느낌은 정말 오랜만이야. 어제 밤의 내 모습은 최근 수 년 동안의 평균적인 모습이다. 몸 상태는 좋지도 않지만 나쁜 것도 아니야, 일도 적당히 하고 있으니 힘들지도 않지, 그러나 왠지 나른하니 일에도 권태감이 밀려든다.

 오늘로 나도 마흔 살. 서른 후반이 되던 무렵부터 늙는다는 말이 갑작스레 실감나게 다가오더군. 작년까지는 종종 열정적으로 일하기도 했었어. 하지만 오늘부터는 40대다. 인생의 마지막 장을 바라보며 총정리를 생각해야겠지만 그 전에 공부해야 할 것이 너무도 많다. 자신없는 과목에 대한 시험을 앞두고 크게 당황하고 있는 듯한 기분이다.

이 세상에는 비즈니스에 관한 책이 넘친다. 젊은 사람도 MBA다, 비즈니스 스킬이다 눈이 벌게서 공부하고 있다. 나는 MBA 자격증도 없고, 파이낸스나 마케팅 전문교육도 받은 적이 없다. 분석력과 리포트를 정리하는 능력은 그럭저럭 된다고 생각하고 있었지만 지난번 스즈키의 강연회에서 프레젠테이션을 듣고 그와 나 사이의 격차에 그만 아연해졌다. 내가 갖고 있는 자신감 따위는 먼지처럼 날아가 버렸다.

그래서 나는 공부를 시작해야겠다고 결심했다. 마지막 스퍼트에 들어가기 전의 준비운동이다. 그러나 닥치는 대로 경영서를 사들였지만 쓸 만한 것은 하나도 없었다. 책꽂이를 가득 메우고 있는 책 중에서 마지막 페이지까지 읽은 것은 극소수. 내용을 내 것으로 만들 수 있는 것도 없었다. 최근에는 마음이 편해지기 위해 책을 사는 것 같기도 하다. 퇴근하고 집으로 가서 공부를 하려 해도 어디부터 손을 대야할지 모르겠다. 그리고 초조감에 휩싸인다.

알다시피 나는 회사 내에서 정치적인 것을 너무 싫어하고 또 서툴다. 실력 하나만 믿고 싸워나가겠다고 생각해왔다. 그러나 객관적으로는 대단한 실적을 올리고 있는 것도 아니고 너희들을 볼 때마다 나 자신의 실력에 회의를 느끼곤 했다. 결국 내 존재가치는 동부전기 내부에서 뿐이고 시장가치를 갖기에는 부족한 것은 아닌지. 그렇다고 해서 상사에게 웃음을 팔아 출세하는 인간은 되고 싶지 않다. 실력과 이상 사이의 갭이 너무 크다. 그렇기 때문에 이렇게 줄곧 암울한 기분에 휩싸여 있는 것이다.

메일을 쓰는 것만으로도 몸에 쌓였던 스트레스가 배출되는 듯, 기분이 좀 좋아지는 것 같다. 바보같은 소리를 하는 것은 이것으로 족하다. 너희들의 우정의 깊이는 충분히 내 마음을 적셔주었다. 앞으로 2, 3년에 한 번은 바보 같은 소리를 주절거릴지도 모르겠지만 그 때 잘 부탁한다.

모리

모리, 가까운 시일 내에 시간을 내라. 우리도 최우선해서 시간을 내겠다. 네게 편한 날짜를 몇 개 알려주기 바란다.

스즈키

제 1 장

MBA는 필요 없다

✻ 자신감 상실의 원인은 3가지가 있다
✻ MBA의 진짜 가치를 따져보라
✻ 이제 MBA는 희소성이 전혀 없다
✻ 영어공부도 전략적으로 하라
✻ 영어공부, 잘 할 수 없는 분야는 버려라
✻ 40대는 변혁진공층이다
✻ 신바시 비즈니스 스쿨을 개교하다

✱ 자신감 상실의 원인은 3가지가 있다

40세 하고도 7일째. 모리와 스즈키는 젊은 시절 술잔을 주고받던 추억의 신바시 선술집에서 만났다.

스즈키는 모리의 메일을 읽고 뿌리 깊은 문제를 느꼈다. 지금 충고를 해주지 않으면 소중한 친구는 돌이킬 수 없는 늪에 빠질 것이다. 그런 직감으로 모리를 불러낸 것이다.

스즈키 | 모리, 괜찮냐? 너답지 않다. 미안하지만 메일을 보고 놀랐다. 20년 이상이나 사귀어왔는데 이렇게 약한 모습의 너를 보는 건 처음인 것 같아.

모리 | 그래? 그렇게 심했나?

스즈키 | 분명히 말하는데, 심해. 너 자신을 잃지 마. 실력도 재능도

있으니까 잘 해주길 바래. 요컨대 너의 자신감 상실의 원인은 3가지로 인수분해할 수 있어.

모리 | 야, 야, 갑자기 웬 컨설턴트 말투로 나오고 그래?

스즈키 | 됐으니까, 들어. 나도 진지하다고. 지금의 너에게는 「의식」 「전략」 「기술」 세 가지 분야에서 문제가 있어. 첫째로 「의식」이지. 근거 없는 「MBA 유용론」을 암암리에 들먹이는 것은 무서운 징후다. 옛날에는 그런 말은 하지 않았어. MBA 같은 건 시간 낭비라는 것이 너의 주장이었잖아. 나도 맞는 면이 있다고 생각하고 있었고. 두 번째의 「전략」은 심각하다. 공부하는 것은 좋지만 전략이 중요해. 40대의 우리에게 있어서 시간자원은 점점 적어지고 있어. 게다가 젊을 때처럼 무리할 수도 없는 노릇이니까 유한한 시간과 집중력이라는 자원을 최적분배해야 공부도 할 수 있지. 전략이란 게 뭔지 알고 있지?

모리 | 갑자기 물어보니 당황스럽지만, 방향성과 비전이라고나 할까, 그것을 달성하기 위한 통로라 할까…

스즈키 | 틀렸어. 교과서적인 정의는 그렇지만 실무적으로 말하면 목표달성을 위한 유한한 자원의 최적배분. 즉 무엇을 할 것인지는 간단히 결정되지만 무엇을 하지 말아야 할지를 정하는 것은 어렵지. 그 「무엇을 하지 말아야 하는가」가 전략이다. 바꿔 말하면 전략이란 「버리기」라는 거지.

모리 | 「무엇을 공부하지 말 것인가」를 결정해야 한다는 말인가. 그러고 보니 내 공부 스타일은 무엇 하나 끝을 보는 게 없이 중도에 흐지부지 되고 마는 것 같군. 우리 회사의 신규사업과 똑같아.

스즈키 | 세 번째 문제는 「기술」이다. 사고하는 기술, 분석하는 기술, 커뮤니케이션 기술. 이런 것들은 요령있게 공부하면 비교적 간단하게 익힐 수 있지.

모리 | 그렇구나. 그럼 내 자신감 상실은 그런 식으로 간단히 극복할 수 있을까.

스즈키 | 우선은 의식에 관한 문제를 해결하고 이들 기술을 전략적으로 습득하는 거야. 회사의존형인 이른바 「회사인간」에서 보다 일을 객관시하고 자발적으로 처리할 수 있는 「자립형 인간」으로의 변신이 가능해지는 거지.

MBA의 진짜 가치를 따져보라

모리 | 그러면 최초의 벽은 MBA 유용론인가? 옛날에는 영어를 좋아하지 않고 해서 MBA를 부정했었지. 이제 와서 2년이나 시간을 들여 공부만 할 수도 없는 노릇이고, 또 공부를 한다고 해도 실무에 도움이 되지도 않을 것 같다. 사실 스즈키가 유학한 80년대부터 90년대 전반은 미국의 경영보다 일본의 경영이 뛰어나다고 말들 하던 시대지. 그런 일본인이 미국까지 가서 공부한다는 게 모순처럼 생각되었었지. 그러나 최근에는 파이낸스 기술과 기업 가치평가, 마케팅의 분야에서는 MBA 지식이 전제조건인 것 같이 말하고 있어. 게다가 MBA라는 명칭 자체의 인지도가 비약적으로 높아져서 MBA가 아니면 비즈니스맨의 기본소양이 없다는 식의 논조까지 있

지. 솔직히 말해서 엄청난 콤플렉스라고 생각해.

스즈키 | 그래, 맞아, 콤플렉스. 그러면 MBA의 가치는 무엇일까? 「브랜드 가치」「품질가치」「경험가치」 세 가지일 거야.

모리 | 야, 또 세 가지냐?

스즈키 | 브랜드 가치는 MBA라는 명칭의 값어치야. 품질가치는 그 교육에 의해 얻어지는 내용물. 경험가치는 일본인에게 있어서 이질적인 경험이라고나 할까. 자네가 예전에 주장했던 대로 이전에는 일본에서 MBA의 브랜드 가치는 높지 않았어. 존재 자체가 지금 만큼 알려져 있지 않았기 때문이지. 품질가치에 관해서는 당시에는 의미가 있었지. 너도 알겠지만 나는 재무부서에 있었어. 투자이론, 기업가치분석, 옵션이론 등 우리나라에서는 배울 수 없는 과목이 많이 있었기 때문에 비즈니스 스쿨을 지원했던 것이지. 지금은 대체 학습수단도 많이 있으니까 고유가치는 별로 없을지도 몰라. 경험가치는 개인의 사정에 따라 다르니까 일률적으로는 측정할 수 없고 대체 수단도 셀 수 없이 많지.

모리 | 가장 큰 콤플렉스는 내가 MBA 브랜드의 양복을 가질 수 없다는 거지. 게다가 나이는 어떻고. 이제 와서 유학을 할 수도 없고 젊은애들처럼 야간 대학원을 갈 마음도 없고 말이야. 일류 비즈니스맨으로서 자격 없다는 소리를 듣는 것만 같아서 기분이 나빠.

스즈키 | 브랜드라는 시점에서 보면 MBA의 가치가 최대였던 시대는 이미 끝나가고 있는 것 아닐까. 이제부터는 한계가치가 삭감되어 갈 거야. 회사의 젊은 애들도, 앞으로 MBA를 따는 것은 바보 같은 짓이라고 말하고들 있거든.

모리 | 그래? 정말?

스즈키 | 자기 나름대로의 사고의 프레임 워크를 갖고 있는 샘이지. 그러면 왜 MBA 브랜드에 가치가 있는 것일까.

모리 | 브랜드 매니지먼트 교과서에는 「브랜드란 약속이다」라고 나와 있지. 이 브랜드라면 이러한 품질을 기대할 수 있다는 시그널을 보내는 것이 그 역할이라고 말이야.

스즈키 | 역시 제대로 공부했구나. 그럼 왜 세상이 브랜드를 필요로 할까?

모리 | 커뮤니케이션을 쉽게 하기 위해서 일까? 소비자는 브랜드 이름을 보면 그 브랜드가 약속하는 품질가치를 향유할 수 있다고 생각하지. 하나하나 조사하지 않아도 안심하고 기대품질을 상상할 수 있기 때문일 거야.

스즈키 | 브랜드는 정보를 전달하는 수단이지. 나아가서 생산자와 소비자 사이에서 상품정보의 공유가 불완전하기 때문에 필요로 하는 개념이기도 해. 상품이 정당하게 가치를 인정받기 위해서는 완전정보가 전제조건이 되지만 생산자와 소비자 사이에서 정보가 공유되면 될수록 브랜드의 가치

는 낮아질 가능성이 있지. 그러니까 객관적 품질에 관한 정보를 공유하기 쉬운 일용품에는 브랜드가 존재하지 않아.

모리 | 브랜드에 의미가 있는 것은 이른바 특수 상품이라고 할 수 있는 고급품이나 사치품 세계야. 특히 디자인에 가치가 있는 패션상품과 소소한 사용상의 편의의 차이가 차별화의 요인이 되는 소비재 세계에서는 브랜드가 강하지. 그래서인가, 소비자에게 품질가치를 전달하기 힘든 상품분야에서는 브랜드가 중요한 건가.

스즈키 | MBA라는 명칭, 즉 브랜드에 대해서도 마찬가지 아닐까. 이 명칭은 「일류교육 수료를 증명하고, 일류 비즈니스맨의 자격을 보증한다」고 하는 메시지를 나타내고 있지. 현재 국내에서 MBA 단어 자체는 점점 널리 알려지기 시작하고 있고 인기도 있고 이미지도 좋아. 하지만 브랜드의 최종적 수요자인 고용주나 MBA 취득희망자는 MBA의 품질정보-간단하게 말하면 강의의 내용과 교육효과-에 관해서 충분한 지식을 갖추고 있지 않아. MBA라는 명칭이 아직은 일용품화 되어있지 않다는 것이지. 그렇기 때문에 브랜드 가치는 현재 이상으로 커지게 될 수는 없는 것 아닐까.

모리 | 앞으로는 MBA 교육이라는 것이 어떠한 것이고, 무엇을 하는 것인지, 점점 세상에 알려질 거야. 브랜드 그 자체의 가치가 떨어질 가능성도 있을 것이고.

이제 MBA는 희소성이
전혀 없다

스즈키 | 또 한 가지 생각해야 하는 것은, MBA 보유자의 희소성이지. 브랜드 가치가 있고 보유자의 절대숫자가 적은 상황이라면 그 시장가치는 더욱 높아지지. 프리미엄이 붙으니까. 내가 미국에서 MBA를 딴 것이 87년. 그 이전 10년 동안에도 주요 톱 탠 학교에서 매년 열 명의 일본인 MBA가 탄생했었을 테니까 아무리 적게 잡아도 천 명의 MBA가 있었을 테지. 내가 나온 이후 10년 동안은 매년 20명이니까 2천 명. 20년이면 합계 3천명. 톱 텐 이하의 학교까지 합치면 전체 1만 명은 되겠는 걸. 유학을 희망했을 때, 나는 이런 계산을 했어. 10년 후에는 1만 명 중 한 명이 된다. 이 정도로는 대단한 희소성이라고는 할 수 없을 것이다. 세상에서 일

류 톱 매니지먼트 포지션은 1만 명도 안 된다. 하지만 87년 당시라면 3천 명 정도 중 한 명이다. 아슬아슬한 타이밍이 연상되더군.

모리 | 하긴, 너무 알려지지 않는 것도 브랜드 가치에 도움이 안 되지. MBA라는 이름을 세상이 겨우 인지하고, 그러면서도 내용에 관한 정보는 속속들이 알려져 있지 않고 게다가 희소성이 있으면 가치는 최대가 되지. 그것이 스즈키의 시대인가.

스즈키 | 그런 의미에서 80년대 후반부터 90년대 초반의 MBA가 가장 가치를 인정받는 시기였다고 생각해.

모리 | 그럼 이제부터 MBA란 넌센스인가?

스즈키 | 그렇지. 사실 MBA 교육이란 게 일본 대학으로 치면 학부 수준이야. 교재와 코스 구성만 확실히 되어 있고, 독학도 가능할 수 있다는 분위기만 공유된다면 베일이 벗겨질 거야. 실제로 귀국해서 놀란 것이, MBA가 아닌 아베가 당시에 이미 재무회계, 원가계산, 투자이론, 파이낸스 이론에 관해 충분한 지식을 갖고 있었거든. 그는 지금 외국계 회사의 전략담당으로서 M&A의 일선에서 활약하고 있어. 「증권애널리스트 시험」의 학습을 통해서 기본실력을 쌓은 것 같아. 언젠가 한번 그의 텍스트를 본 적이 있는데 초급 MBA 파이낸스는 빠짐없이 커버되어 있더라고. 2년간의 기회비용 또한 막대하지. 수업료도 비싸고, 2년 동안 최

저 천만 엔에서 이천만 엔의 투자를 해. 대체교육수단이 활발하게 제공되고 경쟁이 심해져도 이상할 거 없어. MBA 자체가 점점 상품화되고 있기 때문이지. 게다가 MBA 자격자의 수는 희소성을 의심할 정도로 되어 있고. 조금 심하게 말하자면 MBA 가치는 점차 하락하는 경향이 있다는 거지.

모리 | 불혹을 넘긴 어른이 근거 없는 MBA 콤플렉스 같은 것을 가져서는 안 된다는 건가. 어떤 교육이고 어디에 가치가 있는가 하는 정보를 입수하고 필요하다면 상대적으로 비용이 싼 대체수단으로 지식을 손에 넣는다. 그래서 MBA라는 자격증과 맞부딪쳐도 「이 사람은 특별히 선택된 사람이 아니다. 이미 1만 명이나 있고, 더욱 증가할 보통사람 중 한 사람이다」라고 생각하면 되니까.

스즈키 | 1만 명을 많다고 봐야할지 적다고 봐야할지가 관건이지만 최근의 추정치로는 일본인 MBA는 현역으로 2-3만 명 정도 되는 것 같더군. 세상에서 천 명이라면 그 이름에 안주하는 것도 좋지만, 2-3만 명이라면 좀 시시하잖아.

모리의 뇌에 기분 좋은 피로감이 몰려왔다. 오랜만에 운동을 한 후 근육이 팽팽한 소리를 내며 자극되는 감각. 바로 그것과 비슷한 것이 머릿속을 달리는 느낌이 들었다.

영어공부도 전략적으로 하라

그러나, 아직 한 가지 석연치 않은 기분이 남아있다. 영어 실력이다. 동부전기에서도 영어는 필수다. MBA만 따두면 영어 콤플렉스로 괴로워하는 일은 없을 것이다. 이것이 해소되지 않는 한, 문제점은 남는다. 그런 모리의 마음을 먼저 읽기라도 했는지, 스즈키가 입을 열었다.

스즈키 | 단, MBA는 영어학습의 장으로서는 의미가 있다 할 수 있지.
모리 | 맞아. 외국계 기업이 아니더라도 영어는 필수야. 요즘은 유학파 부하에게 전부 맡기고 있지만 계속 이런 식이어서는 곤란하다는 생각이 불쑥불쑥 들어. 영어는 "버려라"는 건가?
스즈키 | 아니아니, 영어는 중요해. 일상생활에서 가능하고, 게다가

독학이 가능한 전략적 영어학습법에 관해 이야기해보자.

모리 | 잘 부탁해.

스즈키 | 네가 잘 알고 있는 것처럼 나는 벼락치기 공부로 겨우 유학이 가능했던 케이스지. 게다가 수업 중에 발표하지 않아도 페이퍼 테스트로 성적이 결정되는 것으로 유명한 시카고 대학을 골랐고. 네 영어 선생으로는 적임자일 걸.

모리 | 말은 그렇게 하지만 너는 지금 외국계 컨설팅 회사의 파트너 아닌가. 경영간부라는 사람이 영어가 딸리면 난처할 거야. 외국계 글라이언트도 있을 것이고.

스즈키 | 아무래도 나는 어학에는 소질이 없는 것 같고, 전혀 영어 실력이 늘지 않고 있어. 하지만 영어를 사용하는 비즈니스 커뮤니케이션 능력에는 자신이 있어. 최근에도 우리 회사의 전 세계 파트너들이 모이는 미팅에서 200명을 상대로 30분간 프레젠테이션 했거든. 알아듣기 힘든 것 같은 얼굴도 있었지만 몇몇 사람은 재미있는 프레젠테이션이었다는 말을 해주더군. 무엇보다도 일상회화가 안돼. 내 영어는 비즈니스에서만 통해.

모리 | 하지만 좋은 대학으로 유학을 갔다는 것은 TOFEL에서 상당한 성적을 땄다는 의미인데.

스즈키 | 옛날 이야기지. 다행스럽게도 일본인은 문법과 독해는 잘 되니까 거기서 점수를 딸 수 있어. 500점까지는 어떻게든

되는데, 소위 일류에 속하는 톱 텐 스쿨에 합격하기 위해서는 600점이 필요해. 상당히 고생하긴 했지만 나만의 학습법을 짜서 첫 번째 시험에서 610점을 땄어. 그걸로 어떻게 한숨은 돌린 셈이지.

모리 | 나만의 학습법이라. 그러고 보니 네가 휴직을 결정했을 때 자주 함께 밥을 먹곤 했었지. 너는 영어 공부 중이라며 영자신문이나 「뉴스위크」「비지니스 위크」를 읽고 있었는데, 히어링이나 스피킹 공부는 하는 것 같지 않았지. 그게 바로 독자적인 학습법이었냐?

스즈키 | 바로 그거야. 영어학습도 전략이지.

모리 | 전략이면 버리는 것인가? 뭘 버렸는데?

스즈키 | 히어링과 스피킹은 재능이 없다고 단념하고 학습항목에서 뺐어. 전략이라는 말은 전에도 말했지만 한정된 자원을 최적으로 분배하는 것이니까. 간단히 말하면 실력향상의 여지와 개선에 따라 신장되는 생산성이라는 시점에서 학습대상의 우선순위를 매겼지. 즉, 영문법은 지금보다 향상되어도 더 이상 얻는 것이 없고 성장여력은 낮다. 독해력은 아직 개선의 여지가 있다. 그중에서도 긴 문장은 힘들고, 어휘력도 많이 부족하다. 성장여력은 크다. 히어링은 전혀 안되니까 이것도 성장여력이 크다, 그런 식이었지. 독해력과 히어링에서 현재의 실력이라 할만한 강점을 비교하면

독해력 쪽이 아직 힘이 있었어. 일본인 대부분이 그렇지. 게다가 업무에서 세계정세를 항상 주시하고 있으니까 흥미를 갖고 공부할 수 있는 교재도 풍부하지. 이 분야의 학습은 다른 직장인이나 학생보다도 우위에 있는 것 같아. 히어링은 전혀 안되고 교재에도 비즈니스맨에게 유리한 것은 별로 없어. 이제 와서 영화를 볼 여유도 없고, 테이프 교재도 교과서적일 뿐이어서 쓸모없지. 그러니까 히어링은 우선순위에서 미뤄두는 거야.

모리 | 신싸 전략이라 할만하네. 성장력이 있고 우위성도 있는 분야가 「제1순위」이고, 자원분배를 우선한다. 성장력이 있고 우위성이 없는 분야는 하려거든 철저하게, 그렇지 않으면 자원분배 우선순위에서 떨어뜨린다. 그리고 성장력이 없지만 우위성이 있는 분야는 「2순위」로서 소중히 한다는 이치로군.

스즈키 | 그렇지. 비즈니스맨이 학습 전략을 생각할 때에 중요한 것은 장점을 철저하게 키운다는 발상이지. 비상식적인 발상이지만 말이야. 이에 비해 모범생의 발상은 안 되는 것을 키우려고 하는 것이지. 종합적으로 무언가에 마음을 빼앗기고, 단순하게 시장이 늘고 있고 매력도가 높다고 해서 자신 없는 분야에 나서는 회사는 얼마 안가 쓰러지는 일이 많을 거야.

모리 | 우리 회사에서도 자주 있는 이야기군.

영어공부,
잘할 수 없는 분야는 버려라

스즈키 | 그래서 나는 독해력을 연마하는데 영어공부를 집중했어. 교재도 정치 경제를 중심으로 해서 나의 직감이 움직이는 분야로 좁혔지. 방법은 간단했어. 먼저 국내 경제지를 죽 훑어본 후, 영자신문을 매일 아침 사서 열심히 읽었지. 단어를 알든 모르든 읽어나가는 거야. 중요한 말은 매일 나오니까 문맥만으로도 대충 알 수 있지. 사전은 아무래도 찜찜할 때 만 보았고 많아야 하루 한 번 정도지. 매일 아침 1면을 읽는 것을 목표로 삼고 다 읽으면 전철역 쓰레기통에 버렸어. 스크랩해봤자 시간만 낭비할 뿐 효율성이 낮으니까. 그리고 주간지를 이것저것 읽었지. 그렇다고 해야 「뉴스위크」와 「비지니스 위크」정도지만. 처음에는 기껏해

야 매주 기사 하나 정도였지만 점점 두, 세 가지 기사는 읽을 수 있게 되었어. 지금도 「비지니스 위크」정도는 훑어보고 있지.

모리 | 영어 텍스트나 학습 잡지, 참고서는 안 보았단 말인가?

스즈키 | 전혀 안 보았지. 그런데서 다루고 있는 예문이 쓸데없는 것이어서 흥미도 없었고 시간이 많은 것도 아니었고.

모리 | 그래서 말하는 것은 괜찮게 되었고?

스즈키 | 발음은 엉망이야. 하지만 내용이 있는 영어를 할 수 있게 되지. 1-2년 간, 영어 문장을 읽어나가다 보면 어휘가 급격히 늘어. 힘 있는 어휘를 쉬운 구문에 적용시키는 것만으로 상당히 박력 있는 영어를 말 할 수 있어. 어휘력 덕분에 히어링도 좋아졌어. 업무관계에 관한 거라면 무엇에 관해 이야기하고 있는지, 찬성인지 반대인지만 알아들을 수 있으면 들리는 단어에 근거해서 점점 상상할 수 있거든. 소통에는 문제없지.

모리 | 잠깐 정리 좀 하고 넘어가자. 우선은 자기에게 강점이 있는 분야부터 공부하라는 것이 대원칙이고,「영어공부를 한다」는 개념이 아니라, 일에 관한 테마를 「영어로 공부한다」라는 것이군. 교재는 영자신문과 영문주간지. 요즘 같으면 웹으로 「뉴욕 타임즈」든「월 스트리트 저널」이든 바로 볼 수 있고. 그중에서 관심 있는 기사를 읽으면 된다는 건가. 간단한 거

같은데. 정말로 그것만 하면 되는 거야?

스즈키 | 산 증인도 있어. 아베가 근무하고 있는데도 외국계 회사야. 유학경험은 없지만 아베는 지금 간부이고 일상적으로 영어를 쓰고 있지. 전직할 때 영어 공부법을 상담해주었을 때 같은 답을 해주었어. 그는 그 이외에 NHK 비즈니스 영어강좌를 보거나 때때로 단어장도 썼어. 영어에 관심이 있어서인지 굉장한 속도로 마스터해가더니 수개월 만에 토익스코어를 굉장히 올렸지. 외국인 동료도 갑자기 영어가 늘어서 놀랐다고 했다더라고.

모리 | 그건 나도 들은 얘기야. 토익 점수가 900점 이상이었다고 했어. 그 영어 젬병 아베가? 하며 깜짝 놀랐으니까. 정말이지 전략적 사고가 승리의 관건이었던 것이군.

스즈키가 말하고자 하는 것은 명백했다. 어느 사이에 이런 능력을 갖추게 된 것일까. 정말로, MBA가 없다고 해서 패배의식에 사로잡힐 필요는 없다. 그리고 자기변혁의 노력은 모두 「전략적」으로 실행할 필요가 있다. 포인트는 두 가지다.

1. 시간자원의 제약 속에서는 「무엇을 할 것인가」가 아닌 「무엇을 하지 말 것인가」를 정해야 한다. 「버리는 전략」이 중요하다.

2. 무엇을 버릴 것인가를 결정하기 위해서는 학습해야하는 테마의

매력도 만으로 우선순위를 매겨서는 안 된다. 자기가 할 수 있는지 없는지 하는 우위성의 시점과 병행해서 생각해야 한다.

장점의 돛을 올려라. 바로 이것이었다.

＊ 40대는
변혁진공층이다

머릿속으로는 이해가 되었다. 하지만 마음 깊은 곳에서부터 힘이 솟아오르는 것은 아니었다. 하지 말아야 하는 것은 알았지만 중점을 두어야만 하는 이미지가 손에 잡히지 않았기 때문이다. 이래서는 구조조정에서 어떻게든 살아남았지만 발전과 성장의 시나리오가 없는 회사처럼, 축소균형의 인생밖에 보이지 않는 것은 아닌가 하는 것이 솔직한 심정이었다.

모리 | 고마워 그런데 말이야, 네가 말한 기술, 즉 사고, 분석 그리고 커뮤니케이션을 매니지먼트하는 기술은 어떻게 하면 되지? 그것을 배우지 않고서는 발전은 없어. MBA 비판은 하면서도 MBA파보다 실력은 없다는 말을 들으면 진짜 힘 빠지거든.

스즈키 | 모리. 너는 뛰어난 엘리트였어. 지금도 잠재능력은 나보다 한 수 위라고 생각해. 나는 때마침 시류에 대한 안목과 좋은 운 덕분에 남들보다 먼저 비즈니스 회사가 원하는 기술에 관해 수련할 기회를 얻었을 뿐이야. 우리 세대의 문제는, 지금까지 공부한 것을 종합해서 세상을 향해 실력을 내보이려 하는 시기에 갑자기 다시 많은 것을 공부하지 않으면 안 되게 되어버렸다는 점에 있어. 30대 이하 층에서는 인생은 아직 학습모드야. 새로운 가치관을 어려움 없이 받아들이면서 자신의 노력으로 새로운 시대로의 변혁과정에 돌입하고 있지. 이「변혁과정층」을 상징하는 것이 MBA붐이지. 50대 이상 층은 앞으로의 생애에서 자산의 극대화를 위해 기득권의 유지에 기를 쓰고 있지.「변혁거부층」이지. 우리 40대도 부득이하게 변혁을 요구받고 있다는 것은 머리로는 알고 있지. 그렇기는 하지만「변혁과정층」에 있는 사람만큼 자기변혁에 투자할 여유는 없어. 「변혁거부층」에 아부함으로써 얻어지는 것도 있을지 모르지만 변혁을 거절하면 앞으로의 인생을 버리는 게 되지. 갈고 닦은 변혁기술을 습득하고 최소의 변혁투자로 최대의 변혁리턴을 노린다. 즉 전략의 시점인데, 이것이 우리 40대의 과제지. 우리나라에서도 많은 비즈니스 스쿨이 개교하고 있지만 주 대상은「변혁과정층」이야.「변혁진공

층」의 절실한 과제에 부응하는 조직은 누구도 제시하지 않고 있어.

모리 | 정말 맞는 말이야.「변혁진공층」. 내 잠재의식을 후벼파는 듯한 어휘다. 그럼 도대체, 어떻게 하면 되는 걸까.

스즈키 | 지난번 한잔 하고 헤어질 때, 아베와 이야기 나눴지. 이대로 가다가는, 너처럼 진짜 실력도 있고 회사와 국가경제에 공헌할 수 있는 층이, 이제까지의 투자를 리턴으로 바꾸지 못한 채 잊혀져 버리는 것은 아닐까, 하고. 10년 후, 연금은 모두 윗세대가 먹어치우고 새롭게 창출된 부는 변혁과정을 거친 새로운 층에 독점된다. 우리 중 극히 일부가 가끔 외국계 기업에 불려가든지 창업에 성공하든지 해서 어려움에서 벗어날 수 있다는 건 너무 비참해. 우리「외국계 기업 직장인」은 동세대인이 국가 경제 경영의 중심이 되어 주지 않는 한, 장기적인 성공은 보장할 수 없어. 그런 점에서 국내기업 직장인과 운명공동체지. 최근에는 우리나라에서도 젊은 CEO를 도모하는 움직임이 여기저기서 나타나고 있어. 60세부터 45세 사이 층이 활동하고 있기도 하고. 이러한 세대의 세대교체가 더 넓게 이루어지게 되면 5년 후에 CEO 포지션을 점하는 자들은 40대를 맞이한 지금은 30대「변혁과정층」이 될지도 모르지. 우리들은 진공지대에 남은 채 비즈니스 인생의 종말을 맞이하고 말 것인

가. 그것만은 참을 수 없어. 모리 너는 「변혁진공층」의 대표선수야. 미력이나마 너의 변혁을 지원하는 계기가 될 수 없을까 하고 아베와 상의했어. 물론 우리에게도 메리트는 있어. 첫째로, 성공하면 우리 친구를 경제계의 중심으로 들여보낼 수 있다는 것. 이것은 우리의 비즈니스에도 유형무형의 메리트가 있지. 둘째로, 이러한 종류의 사업을 할 수도 있다는 사업화의 가능성이다. 「변혁진공층」의 지원이라는 새로운 비즈니스 찬스를 사업화함으로써 큰 리턴을 손에 넣을 수 있을지도 모르지. 이건 반 농담이고. 너를 위해 학원을 열까 해. 들어올래, 모리. 학원 이름은 이 빨간 종이등에서 연유해서 「신바시 비즈니스 스쿨」로 할까.

스즈키의 뜨거운 마음이 담긴 이 제의에 「노」라고 할 이유는 없다. 모리는 그 즉시 스즈키의 눈을 보고 크게 고개를 끄덕였다.

＊ 신바시 비즈니스 스쿨을 개교하다

교실은 신바시역 히비야구의 중화요리점인 쿄오진칸이 선택되었다. 다다미방에 둥근 테이블이 있는 별도의 방은, 이상적인 과외수업의 장소다. 모리의 40세하고도 18일째, 금요일 오후 6시 반. 모리, 스즈키, 아베 세 사람은 드물게 약속시간 정각에 모였다.

스즈키 | 여러분에게 나눠드리는 것은, 「신바시 비즈니스 스쿨」의 교육방침과 커리큘럼 원안입니다.

모리 | 야아, 스즈키의 메모는 언제나 간결하구나. 이거 겨우 두 장에 게다가 1페이지에 6-7줄밖에 안 써있어. 오늘 경영회의에서 내가 나눠 준 메모가 A3사이즈로 10장이나 되던 것과 완전히 대조되는데.

아베 | 신바시 비즈니스 스쿨은, 「40대인 변혁진공층을 대상으로 한 투자리턴 효율을 최대화하는 변혁교육 기획 프로젝트」라는 본질로 출발한다. 운영의 기본 원칙은 세 가지. 스즈키가 앞으로 몇 년간 계속 강조할 주장이야.

1. 버린다.
2. 가르치지 않는다.
3. 비상식.

스즈키 | 이 프로그램의 목적은 「자신을 바꾸는 전략」을 전달하는 것이야. 범위는 철저하게 좁히고, 무엇보다도 투자효율이 좋은 분야만 취급할 거야.

모리 | 「가르치지 않는다」라면 아무것도 가르치지 않는다는 거야? 이야기가 좀 잘 못된 거 아닌가?

스즈키 | 물고기를 잡아 주는 것이 아니라, 물고기를 낚는 방법을 배운다는 이야기지. 가르친다는 말이 주는 느낌에는 경영 컨셉, 경영 수법 등, 지식을 부여한다는 어감이 있어. 비즈니스 스쿨을 졸업하고 15년 이상 지났지만, 지식교육으로 조금은 도움이 되었다고 생각되는 것은 파이낸스 이론의 기초정도야. 그 밖에 기업전략, 마케팅, 조직행동론 등이 있지만, 지식체계가 완성되어 있는 분야는 아니지. 독학으로도 충분하고, 현실 비즈니스의 측면에서 쓸데없는 지식이 방해가 되는 경우도 있어. 그러니 무시해도 되지 않을까.

모리 | 맞는 말이야. 너희들의 업무처리 방식에는 여러 가지 특수지식이 있는 것 같아. 사고법이나 정보분석 기술, 개념을 도출해내는 방법, 게다가 커뮤니케이션 따위의 노하우가 풍부할 것 같거든. 그 모든 것들을 전수받고 싶은데...

아베 | 그건 지식은 아니지. 우리들은 지식은 가르치지 않지만, 공부하는 법은 전달할 거야.

스즈키 | 나아가서 상식적이고 교과서적인 사고방식, 실행방식은 인정하지 않으려고 생각하고 있어.

아베 | 찬성이야. 우리들은 비즈니스의 세계에 살아가고 있어. 차별화의 시점이 항상 요구되고 있다 할 수 있지. 이 세상에서 상식이 되는 기준이 존재하고 그것을 배우지 않으면 안 된다는 것은 초등교육의 사고방식이야. 게다가 상대를 밀어내지 않으면 안 되는 경쟁의 현장에서는 표준적인 사고방식으로 같은 발상에 도달하는 것은 의미가 없어. 어떻게 하면 남들과 다른 발상이나 업무추진을 할 수 있을지를 배우지 않으면 안 돼. 우리들이 글로벌 비즈니스 세계에서 어떻게든 살아남을 수 있었던 비결이 거기에 있지. 무엇보다도 이것은 스즈키로부터 얻은 것이지만 말이야.

스즈키 | 커리큘럼으로 들어가 볼까. 최강의 매니지먼트 기술습득 강좌는 3부로 구성되어 있다. 제 1부가 사고법, 제 2부가 분석기술, 제 3부가 커뮤니케이션 기술. 이게 다야.

모리 | 알았어. 어서 제1회 강의로 들어가 주시지.

제2장

자신의 시각으로
생각하는 법을 배운다

* 스스로의 머리로 생각하라
* 콜럼버스 달걀의 원리를 인식하라
* 상상하라, 이미지네이션이다
* 신문, 잡지, 경영서는 3악이다
* 다른 분야로부터의 자극을 적극적으로 수용하라
* 40대는 변혁진공층이다
* 과거를 버리는 용기가 필요하다
제 1회 강의 정리

✱ 스스로의 머리로 생각하라

첫 번째 강의 「자신의 시각으로 생각하는 법을 배운다」의 강사는 머리끝부터 발끝까지 그림을 그린 듯이 전략 컨설턴트 티를 내는 스즈키다.

스즈키 | 진지하게 강의를 시작하겠다. 일찍이 아베가 전직하자마자 고민에 빠져 나를 찾아와 상담했던 주제가 바로 이것이야.

아베 | 「자립과 사고」지.

스즈키 | 아베 자네의 경험을 케이스 스터디 하자. 이야기해줘 봐. 전직 당시에 대해서.

모리 | 야, 야, 스즈키. 그 잘난 척하는 말투 좀 어떻게 해 봐라. 컨설턴트 냄새가 코를 찌른다, 야.

아베 | 아니 아니, 괜찮아. 이 녀석 시건방에는 익숙할 대로 익숙하니까. 내가 30대 중반의 나이에 지금의 외국계 회사로 막 전직했을 때 연수 정도는 하겠지 하고 생각하고 있었는데, 아무것도 없는 거야. 당장 사내 프로젝트에 배속되어 외국인 상사로부터 받은 최초의 지시가 "생각해보라"는 것이었지. 어느 사업의 전략을 재검토하기 위해 어디가 안 좋은지 생각해보라는 것인데, 입사하자마자 받은 지시치고는 참 황당하더군.

모리 | 그렇게 막연하게 말하면 참 난감하겠군. 그래서 어떻게 했어?

아베 | 죽기살기로 그 사업에 대해 조사했지. 재무상황, 사업계획, 고객조사, 과거의 사내 리포트, 회의 자료와 업계간행물 정보.... 그리고 문제점이라 생각되는 것을 보고서에 정리했지.

모리 | 보통 그렇게 하잖아. 나도 그런 식으로 하는데.

아베 | 그렇게 했더니 "그런 건 누구나 알고 있네, 모두가 지적하는 문제지." "다른 사람이 어떻게 생각하는지를 조사하는 건 아무 소용없어. 그런 것은 누구나 할 수 있는데, 자네는 어떤가? 생각해봐. 미스터 아베가 생각한 결과를 보여주게"라고 말할 뿐, 다른 말은 묻지도 않더군. 그래서 생각한 끝에, 내키지는 않았지만 스즈키 선생에게로 달려갔던 거지.

스즈키 | 이건 중요한 일화야. 당시 아베뿐 아니라 40대에 이제 진입한 모리에게도 같은 문제가 숨어있는 것은 아닐까. 한마

디로 말하면「에고 확립」의 필요성이지.

모리 | 「에고」.... 라면 자아를 말하는 거네. 자아라면 내게도 있다고 생각하는데, 무엇이 문제지?

스즈키 | 아베가 앞의 경우에서 취한 행동에「에고」가 있다고 생각해?

모리 | 분명 아베가 취한 행동은「남이」그 사업을 어떻게 보고 있는가를 조사해서 발표한 것이지.

스즈키 | 바로 그거야. 아베는 자신의 사고방식과 통찰을 공급하는 역할을 포기하고 타인의 사고방식 추종자가 되어 버렸지. 그래가지고서야 아베를 프로젝트에 참가시킬 가치는 없지. 세상에 존재하는 통설은 주변에 넘치고 다른 사람의 생각은 조사하면 알 수 있어. 그런 걸 부지런히 모아서 보고해 본들 부가가치는 제로에 가깝지.

아베 | 그때 나는 스즈키에게서 배웠지. 나는 동부전기의 샐러리맨 생활 속에서「타인의 눈」을 자신의 의사결정의 판단기준으로 삼는 습관이 붙어 있었어. 이 점을 개선하고 어디까지나「자신의 눈」을 판단기준으로 의사결정을 하지 않으면 이제부터 외국계 기업에서 경험할 실력경쟁에서는 살아남지 못하리라는 것을.

콜럼버스 달걀의 원리를 인식하라

스즈키 | 모리, 너도 똑같은 문제점을 갖고 있을 거야. 너는 스스로의 눈으로 판단하고 스스로의 사고방식으로 사회생활을 하고 있다고 생각하나.

모리 | 샐러리맨은 조직원이야. 스즈키처럼 한 마리 늑대같은, 어느 의미에서는 편안한 입장과는 달라. 너희들은 타인과 다른 점을 말해서 돈을 버는 장사를 하겠지만, 내가 하는 장사는 어디까지나 동부전기의 사원으로서 판단하고 행동하는 것이니까. 물론 같은 문제는 있다고 생각해. 하지만 직언으로 자신의 지위를 위험하게 만든 사람은 꽤 있어. 그런 것은 우리들에게 어드바이스가 되지 않아. 그러니까 컨설턴트의 탁상론은 사양한다.

스즈키 | 아니, 그거와는 달라. 너희들이 「조직원」으로 존재하니까 나도 나의 일이 있는 거지. 기업경영자가 다른 시점을 요구하기 때문에 컨설턴트의 수요가 있는 것이거든. 너희들이 스스로의 눈으로 생각하게 되면 우리들은 필요 없어질 지도 모르지. 지금은 변화의 시대야. 고객도 변화를 요구하고, 사회도 변화를 요구하고, 너희 회사도 변화를 요구하고 있어. 너는 누군가 특정한 상사를 위해 일하고 있는 것이 아니야. 어디까지나 회사를 위해 일하고 있는 것이지. 회사에게 좋은 일을 계속하다보면 그것은 결국 자신에게 돌아오는 거지. 그렇게 믿고, 동부전기를 위해 무엇이 정말로 좋은 것인지 너의 눈으로 생각해야 하지 않을까.

모리 | 그러나 너도 잘 알고 있는 바와 같이 바른 말만 하는 사람은 점차 조직에서 배척되어 간다. 우리가 입사했을 때 선배로부터 배운 것이 바로 「게으름 피우지 마라, 대들지 마라, 놀지 마라」라고 하는 조직인으로서의 생존철칙이지 않아? 「대들지 마라」는 금과옥조야. 무엇보다도 시야가 좁은 경영진과 그 추종 그룹인 부장급이 없다면 네가 말하는 대로 스스로의 생각으로 승부할 수 있는 회사가 될 것이라고 생각해. 하지만 현실은 달라. 평론가는 제 맘대로 말할 수 있지만, 그게 그렇게 간단하지 않다고.

스즈키 | 너의 사고방식에 두 가지 코멘트를 해주고 싶다. 첫째, 겪

정스러운 것은, 너의 처세술이 잘못이 아니라는 점이야. 그런 제약 속에서 「스스로 생각하는 능력」이 점점 훼손되고 퇴화되어 갈 거야. 하지만, 네가 비판하는 경영진이나 부장진이 내일 사라진다면 그들 대신 근무할 수 있을까? 「스스로의 생각」으로 회사를 이끌고 사내의 서로 다른 의견도 허용할 수 있는 경영자가 될 수 있을까? 「스스로 생각하는 능력」이 퇴화한 지금의 네가 과연 해낼 수 있을까. 우리 세대에 만연하는 「네 탓이요 증후군」이지. 둘째, 만일 너에게 「스스로 생각하는 능력」이 충분히 있다고 치자. 이 세상에서 필요로 하는 것은 특정한 기술도 명칭도 아니야. 「자신의 생각」을 확고하게 갖고, 스스로 실천하고, 실적을 올리는 것이지. 그런 사람은 많지 않기 때문에 언제 어디서나 잘 팔리지.

모리 | 확실히 지금의 나는 「스스로 생각하는」습관이 결여되어 버린 상태인지도 몰라. 자회사의 사장을 시켜준다고 해도 못할 거야. 자기 나름의 생각을 품고 있기는커녕 상사나 경영진의 안색을 살피는 것이 중요 업무가 되고 말았어. 내 초조감의 원인 중 하나가 바로 이것이야. 30대 언저리의 회사원들이 「자기라면 이렇게 하겠다」며 주장을 내세우는 경우가 많지. 솔직하게 말해서, 그 젊은 사원들에게 떠밀려 사는 셈이지.

아베 | 스즈키한테서 재밌는 걸 배웠어. 「콜럼버스 달걀의 원리」라

고 할만 해. 나이를 세로축으로 하고,「자신의 생각」즉, 회사의 일을 생각하는 의식의 폭을 가로축으로 잡으면, 지금의 내가 나라의 연공서열적인 계층구조에서 보면, 원래는 나이가 높아짐에 따라서 의식의 폭도 넓어져야만 할 거야. 하지만 그렇지 않지. 의식이 넓어지고 그것이 다시 좁아져서 결국 콜럼버스가 달걀을 세운 듯한 형태가 되어버리는 거지. 처음에는 신인이어서 회사에 대해 모르니까「자신의 생각」은 극소부분이지. 점점 회사에서의 에고 =「자신의 생각」의 폭이 넓어져 가고, 40대에 들어설 정도가 되면 최대점에 달하는데, 거기부터 축소되어 가지. 나이가 높아지면「자신의 생각」의 대상이 회사의 장기적 발전에서 자신의 장래로 교차되어 의식의 폭이 다시 극소에 달한다는 사고방식이야. 원래, 의식이 넓어져서「자신의 생각」을 확고하게 갖고 회사의 장래를 생각하는 40대 무렵이 경영진에 앉아야겠지만 현실은 그렇지 않아. 보통 달걀을 놓고 보면 40대 그룹을 중심으로 빈둥빈둥 거리지 않나? 연공서열이 아니라 이 의식의 폭을 기초로 회사의 계급구조를 결정짓는다면 문제없을 텐데.

모리 | 조금만 지나면 나는 콜럼버스의 달걀의 한 가운데를 지나온 축소 과정에 있게 되겠군.

아베 | 나는 스즈키에 비하면 일본적인 샐러리맨 생활이 길었어. 사내에서도 나름대로 인정받고 있었고, 또 평판을 얻기 위한

노력을 아끼지 않았던 셈이지. 그것이 외국계 회사로 전직한 계기가 되었고, 「스스로 생각하는」습관을 버리고 살아왔다는 것을 깨닫게 되었지. 괴롭더군. 전직한 것을 진심으로 후회했었다고.

모리 | 하지만 「스스로 생각」할 수 있게 되었잖아. 그러니까 잘리지도 않고 외국인 상사 밑에서 일 할 수 있게 되었을 테고.

아베 | 그게 말처럼 간단한 게 아냐. 「스스로 생각한다」는 것이 절대요건이라는 것을 곧바로 알았지만 그 다음이 큰일이었지. 문득 생각해보니 대학입학시험에서부터 동부전기를 그만둘 때까지 17년 동안, 「타인의 생각」을 이해하고 기억해서 그 사고방식에 맞추어 자신의 몸을 움직이는 훈련을 해왔더군. 새삼스레 「스스로 생각하라」는 말을 들으니, 무엇을 어떻게 하면 좋을지 도무지 알 수가 없더군. 그 때 스즈키에게서 배운 것이 「이미지네이션」이라는 키워드였지.

# 생각하라, 이미지네이션이다

모리 | 이미지네이션? 상상력인가?

스즈키 | 그 키워드에는 약간의 설명이 필요해. 모리는 공부삼아 상당히 많은 책을 읽은 것 같은데, 어떤 분야지?

모리 | 지금은 「기업가치평가」 「경영전략론」 같은 것을 중심으로 읽고 있지. 그리고 경제, 경영 잡지도 읽고 있고.

스즈키 | 그럼 경영서만 읽는 거야?

모리 | 책도 읽고, 이 신바시 비즈니스 스쿨 다니고.

스즈키 | 그런 것들은 언어를 통한 학습이지. 언어와 논리구성으로 테마를 이해하는 것이지. 그렇게 하면 모리의 「스스로 생각하다」는 언어 활동이 중심인 건가.

모리 | 그렇지. 머릿속에서 언어를 이리저리 운용하고 있지.

아베 | 나도 모리와 똑같은 증상이었지. 언어, 논리… 처음으로 맞닥뜨린 덫은 눈앞의 현상에 대해 선입견이 깔려 있는 경영 컨셉이나 논리를 적용시켜 버린다는 것이었어. 예를 들면 「원스톱 쇼핑」이나 「비연속의 시대」 같은 경영 컨셉. 스즈키가 지적한 것이지만 그러한 말에는 「타인의 생각」이라는 손때가 묻어 있어. 내가 생각했던 것은 「타인의 생각」 속에서 무엇을 선택할 것인가 하는 것뿐이었어.

모리 | 그러면 안 되는 건가?

아베 | 처음에는 그래도 된다고 생각했지. 하지만 현실이라는 게 그렇게 심플한 것은 아니야. 너도 경험하고 있다고 말하지 않았어? 작년, 외국계 컨설팅 회사를 이용했을 때의 일 말이야.

모리 | 그랬었지. 그들은 그럴 듯한 경영 컨셉을 적용시켜 진단과 제언을 하고 돌아갔어. 하지만 그런 일반론으로 동부전기에 대해 말하기를 원치 않았고 실제로 잘라 말할 수 있었다고는 생각하지 않아. 그런 식의 경영 컨셉을 처음 접해 본 최고경영층이 기뻐했을 뿐, 결국 아무것도 실행되지 않았어. 확실히, 현실을 타인의 생각에서 나온 말과 논리의 틀에 적용시킨다는 건 한계가 있는 것 같아.

아베 | 그래서 스즈키가 복음을 전해 준 거야. 「상상하라, 이메지네이션이다」라고.

스즈키 | 그래. 「스스로 생각할」 때에는 머리 쓰는 법을 바꿔야 해.

말과 논리는 실체를 묘사하는 도구야. 어디까지나 쉐도우 (그림자의 존재)로서의 수단이고 주로 좌뇌가 주관하는 기능이지. 사람은 눈에 비친 실체를 추상화하거나 언어화하여 컨셉이라는 말과 그 말을 설명하는 논리를 만들었지만 실체는 그 언어 이전에 존재하지. 우리가 「스스로 생각」하기 위해서는 실체를 먼저 생각해야 해. 그것은 구체적 이미지이고, 생생한 3차원의 행동이며 인간의 숨결이자 감동이야. 우뇌의 작업, 즉 상상력을 가동시켜 「마땅히 취해야 할 자세」를 그려낸다는 것이지.

아베 | 지금의 회사에서 최초로 주제를 받았을 때, 스즈키가 같은 어드바이스를 해줬지. 그리고 나는 즉각 행동을 바꿨어. 재무재표를 노려보면서 숫자 속에 있는 「회사의 실체」를 상상했던 거야. 재고의 숫자를 보고 3-4년 전에 결코 팔리지 않았던 상품이 창고 구석에 먼지 투성이가 되어 있는 모습을 상상했어. 판매숫자에서는 밀어내기 세일즈를 해서 필사적으로 판매실적을 만들려고 하는 영업맨의 자세. 게다가 그들의 "이런 일을 해서는 안 되는데"라는 표정마저도 눈앞에 떠올랐지. 그래서 화살이나 방패도 갖추지 않고 영업소를 몰래 엿보러 갔어. 나른한 분위기에 젖어 있고, 활기는 전혀 없고. 지겨운 얼굴로 근무하고 있는 종업원의 자세가 인상적일 정도로 상황이 한눈에 들어오더군. 그런 솔직한 상상을 그대

로 정리해서 발표했지. 이게 먹혀들었어. 하룻밤 사이에 나는 외국계에서도 대단해질지도 모른다고 생각했지 (웃음).

모리 | 그렇구나. 현장을 상상한다는 거지. 눈에 보이는 현실에만 매몰되면 실체를 알 수 없게 되는 경우도 있을지도 모르는 거구나.

스즈키 | 맞는 말이야. 이것은 강의 후반에 말할 테지만 머리에 들어오는 정보의 양, 즉 인풋을 지나치게 늘리지 않는 것도 포인트야. 스스로 생각할 수 있는 폭이 제약을 받을 테니까.

모리 | 아니, 정식하게 밀해시 신선히다. 이제까지 사고의 주요 무대는 좌뇌라고 생각하고 있었지만 그렇지 않다는 것이 적어도 언어상으로는 이해되었던 것 같아. 하지만 우뇌에 이미지를 그리는 것은 네가 말하는 이미지네이션의 첫걸음에 지나지 않겠지? 「나만의」라는 독자성이 나오지 않을지도 몰라.

스즈키 | 독자성에 구애받을 필요는 없어. 오히려 진실을 탐구하는 태도가 중요하지.

아베 | 내가 그 후에 익힌 방법은 이미지를 유연하게 다루는 것이야. 과제를 추출하는 단계에서는 단순히 이미지를 묘사할 수 있으면 돼. 표면상의 문제점, 예를 들면 피폐한 종업원의 모습, 팔리지 않는 상품, 쌓여가는 재고, 이런 것은 누가 이미지해도 같을 지도 몰라. 단 거기에서부터 「스스로 생각한다」는 작업이 시작되는 거지. 원인이 있고 결과가 생기는 것이니까

표면상 과제의 뿌리를 발견해야 하는 거야. 여기서 "종업원의 사기가 떨어져 있으니 인사급여제도를 손보자"라든가, "팔리지 않는 상품이 나쁘니까 상품개발에 힘을 쏟으라"든가, "재고가 많으니까 재고를 줄여라"고 하는 단순사고에 빠져서는 안 되는 거야. 스즈키, 그렇지?

스즈키 | 그러한 단순함은 해결책 자체가 또 「타인의 생각한」 말이나 논리에 지배되고 있음을 나타내지. 일단 머리에 그린 이미지를 작동시키면 돼. 누가 어떤 식으로 일하면 좋을지. 안색이나 표정이나 말까지 상상해서 열심히 머릿속에서 시뮬레이션 하는 거야. 어떻게 하면 이 회사의 종업원은 밝고 건설적으로 일할 수 있을 것인가. 그 점을 먼저 이미지로 그리고 어떤 장애가 있을지를 추출하는 것이지.

아베 | 그것이 「원인의 뿌리」 탐색 과정이야. 원인의 수는 경험적으로도 그만큼 많지 않아. 조금 전의 예는 제품전략의 부재로 끝났어. 요컨대 팔리지도 않는 상품을 대충 만들어서 무리하게 팔도록 하는 구조야. 좋은 상품을 내고 있지만 어떤 고객에게 어떻게 누가 판다는 전략이 전혀 없었던 것은 원인의 뿌리였지. 그건 소소한 데이터의 인풋을 늘리기도 하고 귀를 기울인 결과 알게 되는 것이야. 그렇게 작업하면서도 머릿속으로는 항상 이미지를 작동시키고 있지. 어떻게 하면 잘나가는 회사가 될 것인가, 하는 사고실험을 하는 것이야.

모리 | 교과서적인 답안을 냈다면 그것이야 말로 대실패였겠는데. 지금 아베는「제품전략」이라고 말했지만, 그 말의 내용은 현장감이 가득 실린 이미지로서 우뇌에 축적되어 있는 것이군. 이미지를 전달하기에 가장 어울리는 말을 선택한 셈이구나.

신문, 잡지, 경영서는 3악이다

스즈키 | 경영서에 있는 경영 컨셉에 관해서도 상식적인 용어나 내용 정도는 기억하고 있지만 이미지네이션을 방해하지 않기 위해서는 경영 컨셉에 지나치게 의존하지 않도록 신경 써야 해.

모리 | 갑작스레 납득하기는 힘들지만 어느 정도 가닥은 파악하고 있어. 다른 사람이 생각한 좌뇌적인 경영 콘셉이나 언어, 논리를 무턱대고 주입시켜도 어쩔 수가 없기는커녕, 사고정지 상태를 초래하는 원인이 되는 거군. 모처럼 과제나 증상의 이미지가 그려졌다 한들 생각하기가 싫어져서 해답으로 바로 뛰어들지도 모르고. ....그렇다면 내가 열심히 해온 「공부」는 완전히 쓸모없는 것인가?

스즈키 | 전혀 공부를 하지 않는 것도 우려할 만한 일이지. 경영학 용어나 컨셉, 논리는 우뇌에 투영된 이미지를 타인에게 전달할 때에 필요해. 이미지가 그려지기만 해도 곤란하고 분위기로 설명되어지는 것도 아니야. 전달의 수단이라는 의미에서는 어느 정도의 경영 용어는 공부해 둘 필요가 있어. 그러나 그것은 어디까지나 수단이지. 통용되기만 하면 경영학 이외의 분야 어휘라도 상관없어.

모리 | 그렇구나. 그래서 경영학이나 경영 컨셉에는 다른 분야의 어휘가 많이 쓰이는 건가. 인상적인 것은 「복잡성, 전체성」 같은 동물학 용어가 유행되는 것이야.

아베 | 스즈키는 이런 어휘 선정의 천재가 아닌가 싶을 때도 있어. 물리, 종교, 철학, 생물, 대뇌생리학에 심리학 등. 다양한 분야에서 어휘를 가져오더라고.

스즈키 | 의문점을 풀어주자면 결론적 이미지가 우뇌에 투영된 단계에서 이것을 가장 잘 나타냄과 동시에 상대에게 전달하기 쉬운 말을 고르는 작업에 몰두하는 것이야. 우선 서점에 가서 경영서 이외의 코너를 어슬렁거려 보는 거야. 책상에는 비슷한 말 사전을 놓고 여러 가지 어휘를 음미하고. 이미지를 만드는 가장 스트레스가 심한 작업을 끝마친 다음에 여유롭게 즐겨주는 거지.

아베 | 경영학 이외의 어휘를 찾는다는 것은 상당히 중요한 것이야.

나는 나 자신의 사고가 타인의 사고에 지배되지 않게 하기 위해 「3악 추방」 방침으로 일관했지.

스즈키 | 내가 가르쳐 준 것이잖아, 아베. 저작권침해다 (웃음).

아베 | 하하하. 내가, 그리고 꼴 보기 싫은 스즈키 선생이 생각하는 3악은 「신문」 「잡지」 「경영서」 세 가지다. 모리, 너는 무엇을 읽으면서 공부하고 있지?

모리 | 그렇게 말하니까 대답하기 곤란한데..... 그야 경제신문은 매일 열심히 읽고 있고, 경제주간지도 3개 정도 보고 있어. 경영서는 매주 한 권이 목표고. 최근에는 재미있어 보이는 경제월간지도 많이 생겨서 그것도 구독할까 생각하고 있고. 뭐, 너무 읽는거 아닌가 모르겠지만 3악이라는 표현은 너무한 거 아냐?

아베 | 나도 옛날에는 신문이나 잡지를 이것저것 읽고 다녔었지. 그렇게 하면 최소한의 노력은 하고 있는 것처럼 안심도 되었고 중독 되는 것 같기도 해. 그런데 어느 날 문득 깨달았지. "사실은 알아야 한다. 하지만 의견은 유해하다"고.

스즈키 | 표현 방법을 바꾸자. 즉 자신의 공부가 부족하다는 사실을 모르고 있는 것은 비즈니스맨으로서 실격이다. 중요한 사안에 관해서 정확하게 언제. 어디서. 무엇이. 어떻게. 무엇을 했다, 고 하는 정보를 갖고 있어야 해. 그러기 위해 신문, 잡지, 서적을 읽는 일은 불가피하지. 그러나 이런 것들

에는 「해석 = 의견」이 짙게 반영되어 있는 경우가 많아. 해석 = 의견을 사실로 오인하는데 경종을 울릴 필요가 있어.

아베 | 내 속을 썩이던 MBA 동료나 부하 중에도 알게 모르게 이 병에 걸린 사람들이 많아. 누군가가 해석 = 의견을 내고 그것을 일반 비즈니스맨이 필사적으로 공부하지. 정신을 차리고 보면 모두 그러한 해석=의견이 사실인 것처럼 받아들여 지고 있어. 게다가 해석을 내놓은 인간에게 권위라도 있으면 실로 끔찍하지. 의견이나 해석은 혼자 마구 돌아다니면서 일제히 사고정지 상태를 낳는 거야. SCM(공급자와 고객을 연결시켜 판매, 영업 등의 효율을 극대화하는 것- 옮긴이), BPR(기업의 핵심 성과를 극적으로 향상시키기 위한 경영혁신 활동 - 옮긴이), CRM(고객과 관련된 정보로부터 마케팅의 방향을 결정하는 것- 옮긴이) 같은 말은 90년대 후반 이후, 우리 기업의 머릿속을 침투해버린 컨셉의 좋은 예지.

스즈키 | 기업을 이끌어나간다는 것은 정말로 어려워. 경영에는 예술이라 할만한 센스가 필요해. 뭐니뭐니 해도 회사를 움직이는 주역은 감정을 가진 인간이니까 논리적인 과학적 해결책만으로는 해결이 나지 않지. 결국, 틀에 박힌 스타일의 해결책 따위는 존재하지 않는다는 걸 재확인 하는 거야. 그것도 강하게 재인식 하지 않으면 안 돼.

아베 | 맞아. 경영 컨셉, 어휘, 논리는 어디까지나 자신이 생각한 실

체적인 내용을 전달하는 수단이야. 어휘를 너무 많이 공부하면 수단의 목적화라 할까, 수단이 수단에 지나지 않음을 잊어버리게 되는 거지. 무비판적으로 컨셉을 적용하여 이거야말로 현실 해결책이라고 하는 망상에 사로잡혀 버리게 돼. 그것만은 피해달라는 점은 동감이다.

모리 | 스즈키도 그 「3악」을 전혀 읽지 않았다는 것은 아니네. 읽어도 「의견」에는 귀를 기울이지 않는다는 것인가.

스즈키 | 맞아. 신문을 통해 사실만을 머리에 입력하지. 그러나 깊이 있게 읽는 것은 피하고 있어. 예를 들면 합병보도 같은 것은 그 목적을 해석하거나 하지. 중복사업서 철수한다든가, 매상이 톱 그룹에 비견한다든가, 규모의 경제성에서 코스트 경쟁력을 올린다든가...... 이런 기사는 보는 시늉만 하지. 첫째, 정말로 합병의 경제효과가 그러한 점으로 요구될 수 있는지 알 수 없으며 그러한 목적은 종종 달성되지 못하는 일이 많아. 두 번째로 그것이 실제로 경영진이 표방하는 것인지 아닌지는 알 수 없어. 기자 제멋대로의 해석일지도 모르고. 따라서 누구와 누가 어떤 형태로 합병을 결정했다, 라는 것만 머리에 입력하면 되는 거야.

모리 | 그러면 잡지는 전혀 읽지 않나?

스즈키 | 아니, 비판적으로 읽어보기는 해. 그중에서도 정성이 들어간 취재가 있는 경우에는 데이터만 주의깊게 보지. 비판적

이라는 것은 "이 숫자는 사실이지만 코멘트는 배경에 있는 실체와는 다를지도 모른다"는 전제를 갖는다는 거야. 메시지는 여하한 경우에도 조작될 수 있으니까.

모리 │ 논문이나 경영서는 「해석 = 의견」이니까 문제없을 것 같은데.

스즈키 │ 그게 그거지, 머리에 다른 사람의 해석을 집어넣는다는 것은 무서운 거야. 자신의 사고를 포기하기 쉬워지니까 말야. 나는 어느 테마에 관해서 내 나름의 사고방식이 완성되고 난 다음에 한해서 그런 읽을거리를 접하지. 나와 다른 견해는 없는지, 세상에서는 어떤 식으로 보고 있는지 하는 체크가 목적이야.

과연 스즈키나 아베는 시간의 자원 분배를 「학습」보다도 「스스로 생각하는」데에 중점을 두고 있는 것인가. 분명히 독서를 하면 하는 만큼 머리가 헷갈려서 컨셉이나 용어는 떠올라도 머릿속이 전혀 정리가 되지 않는 상태가 될 때도 있다.

 자립이란 말 그대로 스스로의 다리로 서는 것을 의미한다. 우리 같은 화이트 칼라, 즉 지적 노동 종사자에게 있어서 자립이란 바로 스스로의 머리로 생각한다고 하는 것이다. 그러기 위해서는 이미지하는 기술과 생각하기 위한 환경설정이 필요한 것이다. 모리는 오늘 처음으로 메모를 했다.

✽ 다른 분야로부터의 자극을
   적극적으로 수용하라

모리 | 하지만 스즈키도 어쨌거나 경영 컨설턴트잖아. 경영서는 안 읽어도 자극은 필요할 것이라고 생각하는데. 비싼 상담료를 받고 있으니까 클라이언트는 항상 신선한 사고를 요구하고 있고. 어떻게든 충전은 해야할 텐데, 어떻게 하고 있나?

스즈키 | 이제까지 강의한 요점을 잘 이해하고 있는 것 같군. 이미지를 그려내고, 그것을 운용하는 것이 그리 간단한 일은 아니지. 정보차단을 마음에 두고 있어도 역시 고정관념에 지배되기 쉽지. 뭔가 다르다는 생각에 사로잡혀 신선하고 이거다 싶은 해결책이 떠오르지 않을 때도 많아. 이미지를 운용하고 생각하는 습관을 익혀도 금방 이러한 고민에 부딪히고 마니까.

아베 | 스즈키처럼, 컨설팅 업계에서 비교적 「장수」하고 있는 사람은 경영과 경제 이외에 다른 분야로부터 자극을 받는 케이스가 많지.

스즈키 | 나의 스승이라 할 수 있는 컨설턴트는 철학, 종교, 심리학을 공부하라더군. 사실 최근에 심리학에 흥미를 갖게 되었어.

아베 | 옛날부터 천문학에 관심이 많았던 내 경우에는 양자물리학에 관심이 가. 잘은 모르지만 지적 자극은 되더군. 시간 죽이기에는 최고야.

모리 | 야, 야, 너희들. 장난하는 거냐? 정말로 그런 것이 도움이 된다는 거야?

스즈키 | 믿어지지 않는다면 내 경험을 말해 주지. 어떤 마케팅 전략에서 나를 구원해준 것이 심리학이었지. 인터뷰에 설문조사에 온갖 분석이 끝나고 문제점은 깨끗하게 형상화되었지만 거기서부터 진척이 없는 거야. 아무리 생각하려 해도 제자리를 맴돌 뿐. 그때 내 머리에는 「친밀도가 높은 고정고객」과 「아직 교류가 없는 예상고객」이 연상되었어. 문제는 예상고객의 수가 적지 않다는 것이지. 더 이상 생각하는 것은 시간낭비라고 결론지은 나는 사무실을 나와 서점으로 가 보았지. 비슷한 사례는 없는지 생물학과 물리학 코너 근처를 어슬렁거린 지 세 시간이 지났지만 전혀 해결의 실마리가 보이지 않더군. 이만 돌아갈까 하는 생각

이 들 때 쯤 나는 심리학 코너를 갔어. 집어 든 책은 관계심리학 코너에 있던 연애심리에 관한 학술서였지. 거기에 써 있던 것이, 남녀관계에는 두 개의 무대가 있다는 거야. 우선은 생판 모르는 사람으로부터 친구가 되는 무대. 그 다음이 친구에서 연인이 되는 무대라는 거지. 무대에 따라 상대방에게 요구하는 요건은 전혀 다르지. 이 첫 페이지에서 불현듯 이미지가 움직이기 시작했어. 교류가 없는 예상 고객은 「생판 모르는 타인」, 친밀도가 깊은 고객은 「연인」. 이 회사는 연인을 만드는 어프로치만이 되어 있을 뿐, 친구를 만드는 정책은 없다는 것이 머리에 뚜렷이 떠오르는 거야. 그 날 이후, 심리학은 내게 있어서 아이디어의 보고가 되었지.

아베 | 나는 더 믿기 힘든 경험을 했어. 나는 역사에도 관심이 많거든, 그중에서도 헤이안 시대와 카마쿠라 시대의 불교의 변천에 흥미가 있지.

스즈키 | 그래, 너 교토의 사찰을 돌아다니는 취미가 있잖아.

아베 | 그 중에서도 공해(空海, 1753~1830. 일본 조동종의 승려 - 옮긴이)나 최징(最澄, 767~822 신라인 후손인 전교대사傳敎大師 - 옮긴이) 이 개설한 밀교에 관심을 가졌던 시기가 있지. 밀교와 현교 사이에는 큰 차이가 있지만 가장 흥미를 가졌던 것이 깨달음에 이르는 프로세스였어. 대략적으로 말하

자면 현교에서는 숱한 고행을 거쳐야 해. 하나하나 수행을 하여 스스로 각성에 오르고 마지막으로 깨달음에 이른다, 수재형 어프로치지. 이와 반대로 공해의 밀교는 전혀 달라. 말하자면 "오늘부터 당신은 자신을 부처라고 생각하라"는 입장이야. 깨달았으므로 부처와 같은 말을 하지 – 산스크리트의 만트라(진언)를 독송할 수 있다는 뜻이야. 깨달은 사람으로 행동하라, 그러는 가운데 진실로 깨달을 수 있다, 라는. 그러므로 몸가짐과 말과 사고 즉,「身. 口. 意」를 모두 따라한다. 상당히 실용적인 어프로치지. 모두가 깨달음과 유사한 체험을 할 수가 있어. 着眼大局, 着手小局(전체를 폭 넓게 보고 방향을 정하되 시작은 작은부분부터 손을 쓰는 것이 좋다는 뜻 – 옮긴이)의 발상이지. 기업의 개혁에 있어서도 현교형과 밀교형 어프로치가 있을 수 있다고 생각해. 인사제도, 본부개혁, 조직개혁, IT인프라 개혁 등. 이 모든 것이 종료되면 좋은 회사가 된다는 것이 우등생형 어프로치. 현교의 수법과 비슷하지. 성공하면 좋지만, 갈 길이 멀어. 대중운동에는 융합되기 힘들지 모르지. 그렇지만 밀교형은 "이 업무에 관해서는 내일부터 이상적인 모습으로 실행해가겠다"고 선언하면 되는 거지. 상황이 맞지 않는 부분만큼 인사에서든 조직에서든 모든 부분에서 바로 바꾸는 거야. 성공체험을 빨리 얻을 수 있어서 실제적이지. 내가 일찍이 BPR 사내 프로젝트를 지휘했을 때에 채용했던 것이 이 어프로치였어. 고민고민하던 끝에 문득 떠오른 발상인데, 이것도 밀교로부터 자극을 받은 덕분이지.

모리 | 그렇구나. 경영자들이 중국의 춘추전국시대나 일본의 전국시대에 관심을 갖는 것과 일맥상통하는 거군.

스즈키 | 40대부터는 「스스로 생각하는 법」을 터득해야만 해. 지금 20-30대 젊은층은 열심히 경영이론 어휘나 논리를 공부하고 있어. 그것은 그것 나름대로 나쁘지 않다고 생각하지만 그들은 수단의 목적화라는 리스크를 항상 안고 있는 셈이야. 그것을 체크하는 것이 우리들의 역할이야. 빌어 쓰는 물건에 지나지 않는 경영 컨셉은 최소한 알아두어야 하지만 그 다음부터는 스스로 생각해야 해. 그러기 위해서는 경험량에 승부가 달렸지. 중요한 것은 현장을 떠올리고 그 이미지를 자유자재로 운용하는 것이야. 40대라면 이미지 생성을 위한 재료가 풍부하고 이미지 조작을 위한 신선한 자극이 될 깊이 있는 교양도 있어. 이들이 가장 이상적으로 조합된 연령이라는 것이지.

모리 | 여기서도 전략의 시점 이야긴가? 자신의 장기를 철저하게 살리라는 말이군. 경험량과 학습범위의 폭이라면 나도 아직 부하직원들에게 지지 않는다고 생각하고 있어.

스즈키 | 신기하게도 40세가 되기 전에는 전혀 공감이 가지 않던

책들이 절절하게 마음에 와 닿을 때가 있어. 옛날부터 심리학은 자주 참고했었지만 40세가 넘으니 더욱 흡수력이 좋아진 것 같아. 그중에서도 임상심리 이야기 같은 거. 그만큼 인생경험을 쌓았다는 얘기겠지.

모리 | 하루빨리 공부가 하고 싶어지는군. 솔직히 말해서, 이제 경험론에 관한 책은 지긋지긋해. 오랜만에 철학책을 꼭 읽어봐야겠다는 생각이 마구 드는데. 예전에 읽은 고전이라도 꺼내 볼까.

＊ 과거를 버리는 용기가 필요하다

스즈키 | 오늘의 강의 「자신의 시각으로 생각하는 법을 배운다」에 마지막으로 중요한 원칙을 추가해 두었으면 해. 40대는 경험과 자극이 적절히 균형을 이룰 수 있는 나이라고 했는데, 단 하나 큰 함정이 있어.

모리 | 함정이라면, 까딱 잘못하다간 "옛날에는 이랬는데" "내가 그 시절에는 말이야" 하는 식의 경험의존증후군 같은 걸 말하는 건가?

스즈키 | 모리 너도 제법 재밌는 소리를 하네.

모리 | 우리 회사에서도 경험의존증후군의 해악을 겪고 있거든. 별칭 「과거의 성공체험강박증」이라고도 하고.

스즈키 | 대기업에서는 흔히 공통적으로 관찰되는 현상이지. 자신

의 성공체험을 절대시하고 단 하나의 가치기준을 설정하는 경영자 특유의 질병이지.

아베 | 그것도 중요한 경험과 이미지야. 그러나 때로는 과거의 경험을 버리는 용기가 없다면 「스스로 생각하는」일 같은 건 할 수 없지. 실제로 가장 괴로운 일이 이것이야. 현장에서 자주 부딪히는…

스즈키 | 「스스로 생각하는」 과정에서 만나는 최대의 난제이지. 어느 정도 시간과 정력을 쏟아부어 열심히 이미지를 운용해서 "자, 이제 뿌리의 과세를 찾아냈다"고 힘차게 외치고 난 다음날 아침에 문득 다시 한번 생각해 보면 아무래도 뭔가 아닌 것 같은 느낌. 어떻게 되겠지, 라는 생각에 이미지를 다소 조정하지만 그것도 소용없고 지금까지의 사고과정을 모두 버리지 않으면 안 된다는 것을 깨닫게 될 때가 있지. 그때, 다시 하나에서부터 시작해야한다는 의사결정은 실로 괴로운 것이야.

아베 | 하물며, 다른 분야나 과거의 경험으로부터 굉장한 힌트라고 생각되는 이미지가 머리를 스친 다음에 이것을 버리기는 정말 힘들지.

모리 | 우리 회사에는 일단 얻은 결론을 버리고 처음부터 다시 시작하는 기개 있는 상사는 없을까.

아베 | 이러한 사태에서의 의사결정에는 유명한 「성크 코스트(되찾

을 수도 되돌릴 수도 없는 매몰 비용)」의 사고방식을 적용하는 것이 적합하지.

스즈키 | 과거의 코스트가 아니라 앞으로의 리턴만을 생각한다. "이제까지의 투자가 아깝다"가 아니라 "새로운 투자에 관해서 무엇을 얻을 수 있을까"에만 주목하는 어프로치다.

아베 | 그래. 가다가 막히면 어차피 과거는 버리고 원점에서 생각하는 것이 중요해. 어쩌면 다시 과거에 생각했던 틀로 되돌아갈지도 몰라. 그러나, 그런 건 신경 쓰지 않아.

스즈키 | 이 성크 코스트 사고방식은 제2회 강의인「분석기술」에서도 마찬가지야. 아무리 과거에 열심히 분석했다고 해도 실제로 땀을 흘리는 것과 진실을 밝힌다고 하는 차이는 차원이 다르거든. 완전히 버리는 용기가 진실로 향하는 길이야.

아베 | 스즈키 선생의 첫 번째 강의록을 정리해 둬야지. 겨우 1페이지뿐이지만 말이야.

제1회 강의 정리

❖ **스스로 생각한다.**
- 판단기준은 「자신의 눈」이다. 「타인의 눈」을 판단기준으로 삼아서는 안 된다.

❖ **생각한다. = 이미지네이션**
- 「좌뇌」로 생각하지 말라. 어휘나 논리는 전달의 수단에 지나지 않는다.

❖ **깊게 생각한다. = 이미지를 운용한다.**
- 「마땅히 취해야 할 자세」를 상상하고, 과제의 「원인의 뿌리」를 파악한다.

❖ **스스로 생각함에 있어서 부딪히는 장애를 제거한다.**
- 사실과 의견을 구별하고, 사실에만 귀를 기울인다. (예 : 삼악추방)

❖ **발상을 풍부하게 하는 기술을 몸에 익힌다.**
- 다른 분야로부터의 자극으로 이미지의 움직임에 변화를 준다.

❖ **「과거를 버리는 용기」를 갖는다.**
- 잘못되었다는 생각이 들면, 그 생각은 버린다.
- 과거의 체험. 성공, 노력에 매달리다보면 발상은 위축된다.

❖ **자립의 전제조건은 「자신의 머리로 생각하는」 습관**

제3장

본질부터 찌르는 분석기술을 몸에 익힌다

* 새로운 과제가 주어지다
* 상식이라는 벽은 만만치가 않다
* 과학적 합리주의를 적용하라
* 가짜 분석과 진짜 분석을 구분하라
* 우등생형 전수조사는 필요 없다
* 가설검증법은 전략적 어프로치다
* 가설의 설정 방법을 훈련하라
* 3C의 프로세스를 의식화하라
* 엉덩이부터 생각하라

제 2회 강의 정리

✱ 새로운 과제가 주어지다

지난번 강의가 끝난 지 벌써 2개월이 지났다.

「자신의 시각으로 생각하는 법을 배운다」는 강의는 과거와 타인의 의견을 버리는 법이라는 「버리기의 전략」을 핵으로 한 것이었다. 지식을 부여하는 것도 아니고 "경영서를 읽지 마라" 든가 "생각하는 것이 이미지다"라는 비상식적인 관점도 담겨 있었다. 「버린다」 「가르치지 않는다」 「비상식」이라는, 신바시 비즈니스 스쿨 운영의 기본 원칙 그대로였다.

물고기를 낚는 방법을 배웠으니까 솜씨를 시험해 볼 시간이 필요하다면서 한동안 강의를 쉬기로 했었다. 「스스로 생각하는」 실천 속에서 다음 과제에 부딪혔을 때에 두 번째 강의를 요청하게 되었다.

모리는 강의 다음날부터 일본의 신문은 10분 이상 읽지 않기로 했다. 대신에 통근전철에서 영자신문에 도전했다. 경제잡지의 구독도 일찌감치 끊었고, 읽을거리라고는 「비지니스 위크」로 일원화했다. 일찍 퇴근한 날은 라로슈푸코의 「잠언집」을 읽었다. 「자기애」를 단면으로 인간행동을 논평한 신선한 시각의 책으로, 그 깊은 통찰에 크게 자극을 받았다.

이렇게 「타인의 의견」으로부터 단절된 지 2개월. 그러나 진정한 목적인 자신의 시각으로 생각하는 습관이 생겼다는 실감은 전혀 없었다. 머릿속이 텅 비어가는 것 같은 두려움조차 들었다. 상사가 "그 기사를 읽었나?"라고 물어오면 "아니요"라고밖에 대답할 수 없는 자신에게 초조감마저 느껴졌다. 신바시 비즈니스 스쿨의 가르침을 믿을 수밖에 없다는 마음과 컨설던트 스즈키의 성능 좋은 감언이설에 넘어간 것은 아닌가 하는 불안감이 교차했다. 그런 가운데, 새로운 일거리가 떨어졌다. 동부전기의 가전판매 자회사인 동부전기판매의 재생 플랜에 관한 프로젝트였다.

우선 모리는, 동부전기판매의 표면상 과제와 근본과제에 관해 간단한 리포트를 정리했다. 상품라인이 적정량의 배가 된다는 자극적인 내용이었다. 다른 부서로부터도 여러 리포트가 제출되었지만 하나같이 퍼즐의 조각처럼 「구조조정」「선택과 집중」「모회사 의존체질로부터의 결별」「영업력의 강화」 같은 평범한 경영개혁 캐치프레이즈가 난무할 뿐이었다. 거칠지만 현장감이 가득한 모리의 리포트는 신선함을 풍기고 있었던 것 같다. 모리의 팀원으로는 경영기획부의 카나코 외에 관련사업부 및 판매부문 사원이 포함되었다.

모리 ｜ 신바시 비즈니스 스쿨도 한동안은 휴강이네. 바빠질 것 같아.
카나코 ｜ 차장님, 그 스쿨인지 뭔지 하는 건 도대체 뭐죠?
모리 ｜ 어, 혼잣말이야. 그보다, 앞으로 좀 바빠질 텐데, 괜찮겠어? 공부하는데 지장이 없어야 할 텐데.
카나코 ｜ 마침 야간수업에서 전략 매니지먼트 코스를 듣고 있어서 공부가 될 것 같아요. 아직 젊으니까 충분히 병행할 수 있습니다.
모리 ｜ 내게도 종종 팁 좀 주고!

그런 말이 자연스럽게 입에서 튀어나왔다. 신바시 스쿨의 가르침을 아직은 체득하지 못하고 있다는 기분 탓일까. 어느 사이엔가, 카나코의 젊음도, 노력하는 모습도 진심으로 응원할 수 있게 되었다.

상식이라는 벽은
만만치가 않다

동부전기판매 재생프로젝트, 약칭 프로젝트W가 시작되었다. 그러나 처음부터 큰 문제가 발생했다. 어프로치가 결정되지 않는 것이다. 과제를 추출하고 해결의 선택 방법들을 제안, 평가하고, 최종해결책을 입안하고, 행동계획을 기록한다는 큰 틀은 공유되고 있다. 쟁점은 과제의 추출과 특정화를 어떻게 이행할 것인가였다.

모리 | 제 견해는 상품 아이템이 많다는 것으로 문제가 요약됩니다. 특별한 메리트가 없는 상품을 지나치게 끌어안고 있는 것이 모든 문제점의 원인인 것 같습니다. 현장의 영업담당은 너무 다양한 상품의 판촉, 영업활동으로 모든 업태의 가전판매점을 샅샅이 돌아다님으로 해서 피로만 누적되고 있습니다. 자

원분배의 분산을 낳고 있습니다. 활동을 집중해야만 합니다. 상품 수를 줄여서 대형 체인점형과 소형판매점형의 영업조직을 재편성하는 것도 가능합니다. 쓸데없는 재고를 끌어안는 리스크도 줄고 금융수지도 개선됩니다. 또한 부품의 공유와 규모의 경제성을 통한 코스트 개선도 꾀할 수 있습니다. 동부전기판매가 강한 광학관련 디지털카메라나 디지털 비디오카메라는 성장분야입니다. 이 두 가지 상품에 관해서 소비자나 채널의 정보를 충분히 흡수해서 판매사에서 본사 제조부문에 대해 제품개선. 개발의 요구를 보다 능동적으로 피드백할 수 있을 것입니다. 프로젝트W에서는 상품 축에서의 「선택과 집중」이 큰 도전과제라고 생각합니다.

관련사업부 | 그렇지 않습니다, 모리 씨. 아무런 조사도 하지 않고 과제를 특정하는 방식이 생경하네요. 우리는 현장 부서이므로 현장의 상황을 뼈아프게 느낄 수 있습니다. 동부전기판매에는 판매데이터도 제대로 축적되어 있지 않습니다. 이 기회에 판매데이터 분석을 면밀히 해놓아야 합니다. 당신의 추론이 정당한지 아닌지는 분석결과를 본 후에 판단해도 늦지 않을 것 같은데요. 기사회생을 꾀하는 처음이자 마지막인 프로젝트에 실패는 용납되지 않습니다. 진지하게 모든 분석이 행해져야 합니다.

판매부 | 나는 모리 씨의 생각이 애당초 잘못 되었다고 생각합니다. 생산된 제품을 팔아치우는 것이 판매부대의 역할입니다. 이제까지 업적이 나쁘다고 해서 지나치게 구조조정을 해 왔습니다. 영업사원의 사기는 땅에 떨어졌습니다. 이제까지 우리들을 지탱해 온 것은 종합전기 메이커라는 자존심이었습니다. 「선택과 집중」이라는 명제에만 집착해서 제품 라인을 축소한다면 우리 회사의 존재감은 희박해집니다. 판매점들로부터도 외면당합니다. 분석 따위 하지 않아도 결과는 뻔합니다. 본사에 영업부서의 증강을 강력하게 요구하는 것이 이 프로젝트의 의의가 아닐까요? 지금 즉시 손을 쓰지 않으면 판매는 손을 쓸 수 없게 되고 맙니다.

양상은 이렇듯 제각각이었고 한 발짝도 앞으로 나갈 수 없는 교착상태에 빠진 채 2주일이 지나갔다. 모리는 꽤나 지쳐있었다.

카나코 | 제가 보기에는 모리 차장님의 제안이 정당해 보이는데 표현방식이 조금 거치시지 않나 하는 느낌이 들어요. 지금 하고 있는 전략매니지먼트 수업에서는 자사의 강점, 약점, 기회, 위협요소를 분석해 나갈 필요가 있다고 배웠어요. 그러한 분석 없이는 저라도 납득하기 힘들죠. 올바른 어프로치로 과제를 해결해나가야 하지 않을까요?

의지할 곳이라곤 신바시 비즈니스 스쿨밖에 없었다. 첫 번째 강의 내용도 미처 소화하지 못하고 있는 단계이긴 하지만, 순서를 따질 여유는 없다. 일단은 두 번째 강의를 요청하자.

교실은 역시나 신바시 교신칸. 모리는 아베와 스즈키에게 상세하게 경위를 설명했다.

스즈키 | 첫 번째 강의를 조금은 이해하고 있는 것 같군. 하지만 벽에 부딪히는 것은 당연해. 3시간 짜리 강의만으로 마스터 할 수 있다면 나 같은 사람은 다 실업자가 되라고?

아베 | 벽이야 당연히 높지. 프로젝트를 이대로 방치하면 회의는 산으로 가게 될 거야. 목소리 큰 사람의 제안을 전면적으로 채용하고, 모리의 주장은 본래의 뜻과는 다른 방향으로 조정 작업에 들어가게 된다. 이른바 정치적 귀착이지.

모리 | 그러면 지금까지 내가 해온 일과 다를 게 뭐지? 내 의견을 묵살시키고 참가자의 이해조정에 세월을 보내고 어느 쪽으로부터도 큰 불평을 듣지 않기 위해 전전긍긍하는 것이 지금까지 내가 해온 일인데. 경영기획부라 해도, 실제로는 뻔한 기획서나 쓰고 조정하는 것에 지나지 않지. 그런 일에 세월을 보내고 있던 자신으로부터 벗어나기 위해 미숙해도 자신의 생각을 담은 리포트를 썼던 것인데. 이제 와서 무를 수도

없고. 무엇보다 진심으로 동부전기 판매를 바로잡고 싶어.

스즈키 | 그럼, 실력행사라도 할 셈인가?

모리 | 그것도 생각해 봤는데-. 문제는 두 가지야. 하나는 나의 지적이 그다지 틀리지 않다고 생각하지만 그렇다고 해서 충분히 자신이 있는 것도 아니야. 그리고 다른 부문을 완전히 반대자들에게 넘겨가지고는 개혁은 진행되지 않아. 납득하면 움직여주는 사람들이라고 생각하지만 납득을 이끌어낼 수가 없어. 스즈키, 컨설턴트는 이런 상황에서 일해야 하는 경우가 많을 것 같은데, 어떻게 해야 좋을지 가르쳐 줘.

스즈키 | 컨설턴트로서 이 상황에 정확한 답을 내기 위해서는 돈이 들지, 어중간한 제언은 먹히지 않고, 작업도 필요하고. 하지만 신바시 비즈니스 스쿨의 강의라면 별개다. 우리는 세세하고 구체적인 것을 가르치지 않는 방침이니까 사고방식의 골자만을 강의하도록 하지. 두 번째 강의는 「분석기술」. 그 다음은 자네 스스로 생각하고 실천해주기 바라네.

과학적 합리주의를 적용하라

스즈키 | 우선, 「정신과 물질」의 대비에 대해 알고 있나?

모리 | 그거야 알고 있지. 새삼스럽군. 그래, 분석기술을 이야기하면서 철학공부인가? 서양문명을 중세부터 근대로 도약시킬 수 있었던 최대 공헌자, 데카르트의 이원론이던가? 이 사고방식이 정신과 신의 세계의 발상으로부터 생겨난 중세적인 세계관, 과학관을 타파했지. 이후, 종교는 정신적인 분야에 특화하고, 과학은 물질의 분야로 특화했지.

스즈키 | 그리하여 물질의 세계는 객관적으로 분석할 수 있는 세계라고 정의되었지. 바꿔 말하면 정신의 세계는 주관의 세계, 물질의 세계는 객관의 세계라는 것이지.

아베 | 객관적으로 분석할 수 있는 물질의 세계를 수학적으로 분석,

기술한 것이 뉴튼 물리학이고. 여기에 물질을 중심으로 한 과학적 합리주의의 수법이 완성되었지. 그래서 이 과학적 합리주의가 근대부터 현대까지의 물질문명의 번영을 낳았고. 하하, 이거 어느새 문명론으로 빠졌는 걸.

스즈키 | 물질을 대상으로 출발한 과학적 합리주의는 이윽고 인간 세계의 분석에도 파고 들어갔어. 자연과학에서 사회과학으로의 진화. 그 사회과학 분야에서 「여왕」으로 불리는 것이 경제학. 경영학은 애당초 경제학의 한 분야로부터 출발한 것이고. 이런, 갑자기 새무엘슨(노벨경제학상을 수상한 경제학자 - 옮긴이)의 교과서 첫머리처럼 됐군, 미안 미안.

모리 | 스즈키는 순수한 시카고학파니까. 근대경제학을 너무 좋아해서 결국 미국으로 유학까지 갔을 정도잖아. 비즈니스 스쿨에 유학한 동안 경영학이 아니라 경제학만 공부하고 있었던 건 아닌가?

스즈키 | 경영학을 공부해서 재미있었던 것은 내가 여러 가지 입장에 서 볼 수 있다는 거였어. 전략론이라는 것은 어느 면에서 보면 경제합리성 추구의 경제학에 가깝지. 조직론은 사회학이나 심리학에 뿌리내리고 있는 것 같아. 마케팅은 고전적인 입장에서 보면 사회학이고. 심리학에 가까운 것처럼 보이지만, 최근에는 경제학에 가까운 어프로치도 있어. 파이낸스 이론은 경제학 그 자체야. 오늘 이야기할 것은

기업전략을 경제합리성, 즉 과학적 합리주의의 입장에서 생각하는 방법에 관해서야. 나는 이것을 「분석기술」이라고 부르고 싶어.

아베 | 경제합리성의 추구가 일본기업의 도전과제라고 말하는 것으로 들리는군. 이 배경에는 데카르트-뉴튼 식의 과학적 합리주의가 있지.

스즈키 | 맞아. 과학적 합리주의 어프로치의 특징은 잘 아는 바와 같이 세 가지야.

　1. 물질세계에서는 객관적으로 관찰, 증명 가능한 진리가 반드시 존재한다 (객관적 진리의 존재).
　2. 물질은 요소로 세분화가 가능하다 (환원론).
　3. 각각의 요소는 인과관계를 도출할 수 있다.
　　(인과율의 전제)

이 사고방식을 회사의 분석에 도입한 것이 「경영을 과학한다」고 하는 자세지.

모리 | 경영분석도 데카르트–뉴튼적인 과학적 합리주의를 전제로 한다는 것이로군. 우선 거기에는 반드시 바른 경영 본연의 모습이 존재하고 있다(진리). 그러므로 회사를 여러 가지 구성요소로 분석하고(환원론), 인과관계를 발견해내는 것이 바람직하다(인과율), 는 이야기 말야. 나도 그 정도는 알고 있다고.

스즈키 | 그래. 중세의 종교적 세계관에 있어서 미신이나 무지를 부정하고, 새로운 이성의 빛을 제시한 것이 과학적 합리주의 기법이지. 기업경영에 확연한 미신적 요소나 무지에 기초한 잘못된 정책이 채용되고 있는 경우에도 이 기법의 도입은 의미가 있어.

아베 | 특히, 1990년대 이후 우리나라의 기업경영을 생각해보기 위해서는 유효하지. 성장을 전제로 한 그때까지의 경영 모델로는 확대해 가는 거점을 앞서 확보하기만 하면 성공은 보장되었지. 이른바 톱 라인이라고 할까, 매출지상주의의 확장일로 정책으로 그다지 어려운 것을 생각지 않아도 승산이 있었어. 목소리가 크고 인맥이 넓은 경영자가 위에 앉아 추임새를 넣으며 시장 확장에 만전을 기하면 되었던 시대라고 야유하는 사람도 있어. 그러나 시장이 성숙해지는 순간 이 방식은 먹히지 않게 되고 말았지. 한정된 자원을 엄밀하게 배분하지 않으면 경영성과는 나오지 않거든. 어디에 얼마만큼의 자원을 투입하고 그것이 어느 정도의 효과를 올릴지를 엄밀하게 분석하지 않으면 보텀 라인, 즉 이익수준을 올리는 경영이 불가능해. 비용 대 효과라는 인과관계를 명확하게 파악하지 않으면 안 되게 되었기 때문이야. 그러나 현재도 우리나라의 기업경영에는 전근대적인 확장일로의 유전자가 존재하고 있어. 그렇기 때문에 과학적 합리주의에 의한 점검

이 불가결한 것이지.

모리 | 영업부 직원을 증원해서 사기를 올리면 고비는 넘길 수 있으리라는 판매부의 의견 같은 것은 이제 매장시켜 버려야겠군. 그들 스스로도 경제합리성 면에서 보면 절대로 통하지 않을 것이라는 것을 알면서도 그런 주장을 하고 있단 말이야.

아베 | 너무 과장스런 표현을 쓰는군. 하지만 분명히 과학적 분석을 하면 터무니없이 빗나간 선택을 하는 일을 없을 거야.

모리 | 영업부 직원 증원 비용과 현재의 적자를 모두 흡수하기 위해서는 얼마나 막대한 이익을 올려야 할지-. 비용대비 효과가 너무 나빠.

스즈키 | 그런 분석은 억제하는 편이 나아. 여기에서의 포인트는 숫자를 제시한다는 것이야. 대략이라도 괜찮아. 사기가 올랐지만 어디까지 매출이 오르느냐는 것은 누구도 알 수 없지. 그러나 어느 정도를 팔아야 하는가는 계산해보면 금방 알 수 있어. 그것을 제시해 주면 그런 논란은 금방 잠재울 수 있는 것이야.

모리 | 빨리 판매부에 숙제를 내자. "감각적으로도 납득이 되지 않는다. 영업부 직원을 증원하면 정말로 이 난관을 벗어날 수 있을지, 수치로 증명해 보라"고 말하면 되겠군.

스즈키 | 그래. 모리에게는 「Prove it = 증명하라」는 말을 가르치고 싶어. 경영에 과학적 합리주의를 끼워 넣는 것이 첫 번째

과정이야. 이 사고방식에서는 모든 주장은 수치로 치환되고 인과관계로서 분석되지. 무엇인가 주장이 나오면 한마디 "Prove it"이라 말하면 되는 거야.

＊ 가짜분석과 진짜분석을 구분하라

모리 | 여기서 말하는 분석은 인과관계 분석인가?

스즈키 | 컨설턴트들이 자주 쓰는 수법에 「피라미드 원칙」이라는 것이 있어. 결과적으로 일어난 현상을 놓고, 그 결과를 낳은 요소로 인수분해하여 각 요소에 인과관계를 증명하면서 과제를 해결하는 어프로치지. 예를 들면, 판매는 영업맨의 수와 1인당 매상고로 인수분해할 수 있어. 나아가서 이 수치가 다른 요소로 분해될 수 없는지를 생각하는 데는 인과관계를 분석해야 돼. 영업사원의 필수능력으로 명쾌하게 증명할 수도 있어. 이렇게 해서 결과를 인수분해해가면 마지막으로 독립된 정책변수군으로 환원되지. 시야가 넓어지기 때문이야. 이 과정이 피라미드의 모습으로 나타나

는 거지.

모리 | 그건 알겠어. 하지만 내가 지금 직면해 있는 과제에서 또 하나 귀찮은 것은 관련사업부의 견해야. 그들은 분석을 해야 한다고 말하고 있어. 하지만 어떤 분석을 할 것인지는 해봐야 아는 것이라는 것이 그들의 견해야.

스즈키 | 그게 바로 초급 컨설턴트들이 자주 빠지는 함정이야. 분석의 정의조차 되어 있지 않은 거지. 그저 수치만 들먹거리면 되는 게 아니야. 과학적 분석이란 인과관계에 의거한 분석만을 가르치니까.

아베 | 흔히 분석이라는 이름 하에 나타나는 수치에 이익의 추이를 나타내는 그래프나 타사와의 가격비교, 상품의 시장점유율의 분포상황에 대한 그래프 따위가 있는데, 그건 크게 잘못된 것이야. 수치를 그래프화하는 것만으로 분석했다고 착각하고 있는 거지. 어떤 인과관계도 존재하지 않는「흉내에 지나지 않는 분석」은 분석이라고 할 수 없어.

모리 | 관련사업부가 생각하고 있는「분석」은 인과관계 분석으로는 보이지 않았어. 무엇을 분석하고 있느냐고 물었더니 이익의 추이, 판매의 추이, 상품별 판매고의 추이, 지역별 판매실적, 판매점별 상품별 판매실적, 영업사원의 판매추이, 상품의 시장점유율의 추이 등, 그런 수치를 그래프화하는 작업만 계속하고 있더군.

스즈키 | 나는 그런 식의 분석을 본격적인 인과관계 분석과 구별하기 위해 「단순묘사」라고 부르고 있어. 부하가 쓸모없는 단순한 그래프를 갖고 왔을 때는 한마디 하지. "So what?" 즉 "그래서 어쩌라고?" "무슨 말을 하고 싶은 거지?"라고 물어. 인과관계를 수치로 분석하는 순서를 밟으면 답은 간단해. 「"Y는 X가 원인이다. 따라서 X의 수준을 여기까지 올리면 Y를 목표수준으로 이끌 수 있다"는 식으로 「무엇을 해야 하는가」가 분명해지지. 행동으로의 연관성이 있지. 하지만 이익이 타사에 비해 크게 떨어져도 "그래서 어쩌라고" 같은 분석은 아무 것도 아니야. 그러한 가짜분석이 「단순묘사」지.

아베 | 수치를 좋아하는 사람 중에서 흉내뿐인 분석을 선호하는 사람이 많은 것 같아.

모리 | 나도 남의 말할 형편은 아냐. 분석하라면 그와 같은 행동을 했으니까. 인과관계가 없는 그래프는 업적의 소개나 현 상황의 확인에 지나지 않았었지. 사내 리포트도 그런 종류의 분석이 몇 장 있어서 그 다음 갑자기 "그래서 어쩌라고"라는 식의 반응이 오는 케이스가 많았어. 방법이 완전히 잘못되었기 때문이지.

스즈키 | 맞아. 이상적인 리포트라면 다음과 같은 특징이 있지.

    1. 현재의 간단한 리뷰. 이는 「단순묘사」로 취급되지 않는다.

2. "현 상태, 즉 결과를 초래한 원인은 무엇인가" 라는 인과관계의 분석. 최대의 초점이다.

3. 과제의 구조와 결과가 생기는 경위를 정리한다

4. 그래서 어쩌라고, 라는 물음에 대한 행동을 제시한다

5. 그것을 어떻게 하겠다는 계획이 있다

모리 | 많은 걸 알게 되었어. 분석이라는 것은 인과관계를 특정화하기 위한 작업이군. 그리고 회사의 분석 = 인과관계 분석은 여러 가지 문제점의 원인을 찾는 작업으로서 상당히 중요하군. 원인 즉 인풋이 있고 결과, 즉 아웃풋이 있다는 관계를 전제로 하는 사고방식이라는 것이지?

스즈키 | 그렇긴 한데, 관련사업부 사람들에게 분석이란 인과관계를 찾는 것이라고 설득할 수 있다 치자. 그러면 온갖 데이터를 갖고 와서 떠오르는 대로 인과관계가 나올 법한 것을 연이어서 분석하기 시작할 가능성이 있지.

아베 | 나도 그런 작업을 하는 부하를 본 적이 있어. 온갖 데이터를 2개의 축으로 분석하거나, 여러 기법을 동원해서 회귀분석 한다거나. 실로 분석증후군이라고 할까, 분석중독이라 부르는 게 어울리겠군.

모리 | 응, 그런 경우도 "그래서, 어쩌라고?"라고 물으면 되려나? 어떻게 해서 그런 인과관계가 되는지는 아마도 설명할 수 없겠지? 가끔 그러한 경향이 합치하는 경우가 있었을지도 모르

고, 인과관계가 블랙박스가 되어 있어서, 재현가능성도 검증할 수 없어.

스즈키 | 맞아. 그런 분석을 좋아하는 「복잡계」라는 사고방식도 있는데, 경영분석의 장에서는 아직 확립된 것이라고는 말할 수 없는 어프로치이고, 아마추어들이 무턱대고 하는 분석과는 다르지. 가장 큰 문제점은 실은 분석자가 아무것도 생각하고 있지 않다고 하는 것이야. 머리를 쓰려고는 하는건데, 단순한 인간계산기화하고 있어.

모리 | 「스스로 생각하는」 과정을 거치지 않으니까 그래. 지난번 강의도 결국은 인과관계를 형상화하라는 것으로 귀착할 수 있는 거지.

* 우등생형 전수조사는 필요 없다

스즈키 | 모리, 맞아, 바로 그거야.「스스로 생각한다」는 공정을 거쳐야 비로소 의미있는 인과관계 분석으로 넘어갈 수가 있어.

모리 | 그러나 실제 문제에서는 어떨까. 스즈키에게 배운 것도 있고, 나는 작은 인풋으로 이미지를 붙잡고, 전체를 알지는 못해도 머릿속에 하나의 모델을 설정하고 거기서 인과관계를 상상하는 어프로치를 해나가고 싶어. 그렇지만 관련사업부 사람들은 인과관계를「스스로 생각하라」고 지시하자마자 맹렬한 현상파악작업으로 들어갈 것 같은 느낌이 들어.

아베 | 그래. 상상력을 발휘하는 훈련도 습관도 없을 것 같으니까.

모리 | 내 어프로치가 이미지네이션이란 것을 전달한다면 "이렇게 제멋대로의 사고로 결론을 낼 수 있을 턱이 없다"며 크게 반

발을 할 것 같아.

스즈키 | 이미지네이션의 어프로치에 편견을 가진 사람은 많아. 어떻게 보면 상식적이지 않으니까. 관련사업부가 취하는 방식이 옳은 것처럼 누구나 생각하지. 우리나라의 대기업 엘리트 샐러리맨의 대부분은 그런 식으로 성장해 갈 거야.

아베 | 스즈키가 제일 싫어하는 「우등생형 전수조사」 어프로치지. 이런 것은 실무적으로는 넌센스인데 말이지.

스즈키 | 컨설턴트 초급과정에서 갈등하는 문제가 이것이야. 모든 정보를 머리에 집어넣고 생각하지 않으면 올바로 이해할 수 없고, 이해하지 못하면 올바로 진단할 수도 없다고 생각하고 말지. 실무는 고객 쪽이 훨씬 상세히 알고 있는데 실무를 속속들이 알지도 못하면서 무슨 어드바이스를 할 수 있겠느냐고 모든 정보를 미친듯이 모으려고 하는 거야. 그렇게 몇날 며칠 밤을 새우고 토요일, 일요일도 쉬지 않는 동안에 생각할 시간도 체력도 소진되고 아무런 결과도 내지 못하는 상태가 되지.

모리 | 우리 팀의 앞날을 보는 것 같군. 이대로 가다간 분석도 하기 전에 시간만 다 보내고 말 거야. 우선은 경제합리성을 주장하여 약간의 시뮬레이션 분석을 하는 것으로 비합리적인 주장에 종지부를 찍어야지. 프루브 잇 정신이지. 그 다음은 인과관계를 분석하자는 합의를 이끌어내는 수밖에 없어.

스즈키 | 이 신바시 비즈니스 스쿨의 방법론은 「버린다」「가르치지 않는다」「비상식」이라는 기본 골격을 갖고 있지만 분석기술의 근간도 버리는 전략과 비상식의 시점이야. 우리의 업무도 모리의 프로젝트도 자원제약에 직면하고 있어. 팀 멤버의 파워에도 한도가 있고, 마감도 설정되어 있겠지?

모리 | 주어진 시간은 2개월 이지만 이미 1개월을 낭비해버렸어.

스즈키 | 큰일이구나. 무언가를 잘라내버리지 않는 한 결과는 나올 수 없어. 지금 너의 팀 사람들이 시간 제약은 의식하고 있는 거야?

모리 | 그게 문제야. 그들은 "중요한 의사결정이니까, 시간이 더 필요하다"며 버티고 있어. 그러나 경영진은 「2개월이면 충분하다」고 하고. 그룹 전체에서 기껏해야 5% 정도의 판매밖에 못 올리고 있는 사업에 그 이상의 시간이 걸리는 것은 낭비라는 의식이 있는 것 같아.

스즈키 | 그러면 팀원에게 자원배분의 제약을 명확하게 인식시키는 게 좋아. 제약 속에서 최대한의 효과를 얻는 어프로치를 취하지 않으면 프로젝트는 실패하니까.

가설검증법은
전략적 어프로치다

스즈키 | 우리가 「우등생형 전수조사」를 대신하여 채용하고 있는 것이 「가설검증법」이야.

모리 | 가설검증이라는 말은 최근에 나온 비즈니스 책에서 자주 등장하고 있어. 유명한 경영자들도 자주 입에 올리는 컨셉이지만, 무언가 그 뜻을 알듯 말듯한 말들의 대표주자지.

스즈키 | 나도 처음 「가설」을 세우라는 지시를 받았을 때, 무엇을 하면 좋을지 전혀 종잡을 수가 없었어. 「가설」이라는 말의 실무상 의미나 작업 이미지를 알지 못했기 때문이야. 모리는 이번 프로젝트로 문제의 뿌리에 해당하는 원인을 추론했어. 다시 말해 문제의 본질에 관한 현 시점에서의 답을 한정된 정보로부터 도출해냈다는 것이지.

모리 | 뿌리인 원인에서 생각하고 현시점에서의 내가 생각하는 해결책도 제시했던 거야.

스즈키 | 바로 그거야. 아직 정보량도 불충분하기 때문에 자신은 없지만, 확률적으로 그럴 것이라고 생각되는 근거가 존재하고 있고, 이미 논리적으로 인과관계가 분명하다고 생각되는 해답. 그「한정된 정보에서 추정한 과제의 원인과 해결책에 관한 잠정적 결론」을 가설이라고 하는 것이야.

아베 | 더 간단하게 말하면 현시점에서 네가 믿고 있는 답이지.

모리 | 그럼 바로 내가 리포트에 쓴「상품라인이 니무 많다」라는 것이 가설이었던 건가?

스즈키 | 맞아. 너는 그런 가설을 생각함에 있어서 최소한의 정보를 모으고, 인과관계를 추정했어. 그 가설을 증명하는 분석이 다음 순서지.

모리 | 그렇구나. 내가 생각한 인과관계를 수치로 나타내면 되는 것인가? 데이터는 영업일지에서도 얻을 수 있어.「영업활동의 분산이 매출감소로 연결되고 있다」는 것은, 영업활동 수준과 매상고의 상관을 분석하면 되지. 정말 인과관계의 분석이란 게 이런 거로군. 하지만 실은 말야, 나는 나의「상품라인이 너무 많다」고 하는 가설에 전폭적인 신뢰를 하고 있는 것은 아냐.

스즈키 | 그건 당연해. 만일 전폭적인 신뢰를 할 수 있다면 검증 또

한 필요 없지. 어쨌거나 모리의 가설은 단순한 착안같은 것은 아니니까 크게 빗나가거나 하지는 않을 거야. 분석으로 증명되면 정말 다행이고 반증되면 설정을 바꾸면 그만이야. 대개 가설이 반증될 때는 더욱 큰 것을 발견하게 되는 경우가 많아. 겨냥을 잘 해서 여기다 싶은 부분만을 깊이 파고 들어가는 거야. 예를 들면, 아베의 초상화를 그린다고 하자. 아베를 아베답게 보이게 하는 가장 큰 특징이 눈이라 친다면, 눈을 열심히 그려서 표현하는 것이 가설검증법이야. 우등생형 전수조사에서는 아베의 모든 것을 초사실주의로 꼼꼼하게 그려가는 것이니까 막대한 시간이 걸리게 되는 거지.

아베 | 요컨대 중요할 것 같은 부분부터 차례로 깊이 분석해가는 거야. 전수조사 어프로치에서는 중요하거나 중요치 않은 시점과는 상관없이 기계적으로 남김없이 분석을 진행해가는 거고.

스즈키 | 그림을 통해서 보면 이해하기 쉽지. 가로가 시간이고, 세로는 성과. 이 경우는 올바른 원인의 특정이라고 해둘까. 전수조사 어프로치에서는 조사가 전부 끝났을 때 비로소 성과가 나타나는 거야. 시간이 얼마가 걸려도 학자의 연구처럼 수십 년 동안 꾸준히 연구하면 좋겠지만 비즈니스 세계에서는 그럴 수 없어. 시간은 한정되어 있기 때문이지. 가

설검증법은 한정된 시간 내에 결론을 가설하고 그것을 검증하는 거야. 반증되면 반증 결과를 재료로 보다 진화한 가설을 만들 수가 있으니까 시간 효율이 좋아.

모리 | 과연, 전략적이군. 긴장과 이완이 공존한다고 할까, 버릴 부분 – 현장을 완전히 파악하는 일 – 이 명백해지는 군. 그러면 마지막 문제는 가설의 설정에 어느 만큼의 에너지를 들여야 하는가 하는 점인가?

* 가설의 설정 방법을 훈련하라

스즈키 | 가설의 설정 방법에 관해서는 「자신의 시각으로 생각하는 법」 강의와 상당히 중복되지만, 몇 가지 대원칙이 있어.

1. 인풋하는 정보의 질과 양에 충분한 주의를 기울여라.

2. 생각하기 위한 자극제를 쏟아 부어라.

3. 잘못되었다고 생각되면 버리는 용기를 가져라.

이 세 가지인데, 2와 3은 지난번 강의로 충분하니까, 여기서는 1에 초점을 맞추도록 하지.

모리 | 요점을 내 스타일로 바꿔 말하면 내 머리로 생각할 공간을 확보하는 것과, 오염으로부터 머리를 지키라는 것이구나.

스즈키 | 맞아. 우선 정보의 질에 관해서 말하겠는데, 「3악 추방」에 관한 강의에서 말한 대로 「사실」에만 한정하고 절대로

「의견」을 머리에 인풋하지 않을 것. 정보를 모으는데 있어서는 여러 관계 당사자를 인터뷰하게 될 것이라고 생각해. 상대방은 지금이 찬스라고 생각하고 자신의 의견을 전달하려 애쓰겠지만 이쪽이 원하는 것은 어디까지나 사실뿐이야. 듣는 쪽과 말하는 쪽의 이해가 상반되니까 우선 사실과 의견을 엄선할 필요가 있지. 그리고 의견으로 판단되는 발언과 맞닥뜨렸다면 그렇게 생각하게 된 경위를 묻는 거지. "왜 그런가"라고 되묻고, 어떤 사실에 의거해서 그러한 의견을 갖게 되었는지 묻는 거야. 의견은 들리지도 무조건 수용해서는 안 돼.

과거의 문장이나 기사를 리서치할 때도 마찬가지야. 보통 의견은 무시하는 쪽이 좋은데, 이 경우도 잘라내고 생각해. 그리고 기본적인 데이터는 미가공 상태라도 괜찮으니까 쭉 훑어봐두라고. 무엇이 진실인가, 숫자로 확인하는 습관을 게을리해서는 안 돼. 인터뷰나 매스컴 보도에서도 사실 편견이라든가 경향 같은 것이 있을 수 있고, 이른바 의견의 옷을 입고 있는 경우가 많기 때문이야.

정리하면, 무엇이 문제고 어째서 그러한 문제가 발생하는가 하는 인과관계를 담담하게 발견하는 것이 가설설정의 포인트야. 인과관계를 생각하는 재료로서 그리고 인과관계를 나타내는 증거로서의 사실을 모으는 것이 중요하지.

모리 | "왜?"라는 의문을 염두에 두면서 사실에 직면한다는 것인가. 정보수집의 시점에서 인과관계를 생각해 두는 이유구나.

스즈키 | 절대로 피해야 할 것은 "우선 정보를 모은 다음에 생각하자"는 어프로치야. 내 동료가 좋은 이야기를 한 적이 있어. "사람이 가장 머리를 많이 쓸 때는 타인과 말을 할 때"라는 것이지. 그의 가설은 이런 것이야. 타인과 이야기를 하며 정보를 모을 때 스스로 많이 생각하고 나아가서 "왜 그럴까?"라는 의문을 갖고 생각하다보면 좋은 질문이 생각난다는 말이야. 나 역시 동감이야. 좋은 질문은 사실을 모으고, 인과간계를 설명하지. 이러한 「질문의 힘」을 키워나가면 인터뷰를 하는 상대방의 머릿속도 정리해줄 수 있고 상대방으로부터 고마움을 느끼게도 하는 것이야.

그리고 다음으로 정보량의 문제에 대해서인데, 이건 좀 어려워. 정보량이 지나치게 늘어나면 엔트로피 증대의 법칙은 아니지만 오히려 머리가 혼란에 빠지고 말거든. 전수조사의 부정적인 면은 바로 여기에 있어.

회사를 과학적 합리주의에 근거해서 기계론적으로 분석한다고 해도 결국은 인간사회의 문제야. 반드시 정신적인 요인의 영향을 받기 때문에 물질적인 분석만으로 끝나는 문제가 아니지. 회사가 기계가 아닌 한, 현실적으로 일어나고 있는 일은 확률적으로 일어났음에 지나지 않으며 물리법칙처럼 완벽하지 않아. 분석 결과에 오차는 언제나 존재하기 마련이지만 그것이 지나치게 커지면 중심이 되는 메시지가 퇴색되고 마는 법이거든.

실무적으로는 될 수 있는 한 적은 정보로 가설을 만드는 방침이 중요해. 인풋이 있을 때마다 스스로의 머리로 생각해 보고, 분쟁이 심할 때는 다음 인풋을 찾는 억제적인 태도로 정보수집에 임하는 거지. 정보는 많으면 많을수록 좋다는 착각에 빠져 있는 사람들이 있는데, 역발상으로 내가 정보량을 컨트롤하는 쪽이 낫다고 생각할 필요가 있어. 내 스승은 "땀을 흘려라, 그러나 뇌에는 더 많은 땀을 흘려라"라는 가르침을 내게 주었지.

3C의 프로세스를 의식화하라

스즈키 | 나는, 이 가설설정에서 검증에 이르는 프로세스, 바꿔 말하면 「스스로 생각하고」 「분석」에 의해 증명하는 프로세스를 「3C 프로세스」라고 명명하고 있어. 컨설팅 회사가 자주 사용하는 머리글자 조합의 진부한 발상이지만, 이렇게 명명해두면 잘 잊어먹지 않지. 뭐 비망록을 대신하는 약어라고 생각해도 좋고. 3C란 Collect → Create → Confirm. 마지막으로 Prove(증명한다)를 덧붙이고 싶긴 한데, 억지로 만들어내자니 이렇게 할 수밖에 없군.

아베 | 첫 번째 콜렉트는, 스스로의 머리로 가설을 생각하기 위해 최소한의 양질의 사실에 기초해 정보를 수집할 것. 이것을 기초로 두 번째 크리에이트, 즉 가설을 구축하는 거야. 현 상

태에서 발생하고 있는 과제를 낳는 원인은 무엇인가, 잠정적인 소견을 내는 것이지. 이는 「A를 낳는 원인은 B이다」라는 식으로 인과관계로 말할 수 있지. 그리고 이 가설을 검증, 즉 마지막 C로 컨펌한다. 즉, 분석작업이지. 검증되면 그것으로 OK, 반증되면 다른 가설을 만든다. 반증이라는 귀중하고도 새로운 정보를 규합해서 가설을 재차 생각하는 것이야.

스즈키 | 완벽하군. 옛날에 배웠으니까.

아베 | 완전히 터득하는데 1-2년 걸린 것 같아. 내 경험에서 말하자면 내가 이 3C의 어느 단계에서 활동하고 있는지를 언제나 의식한다는 게 매우 중요해.

스즈키 | 맞아, 의식화한다는 거. 다만 마구잡이로 정보를 모으거나 생각하면 결국은 혼란스러워지고, 초조감만 늘게 돼. 순서를 생각하고 순서에 따라 작업을 진척시키면 스트레스가 훨씬 줄어들지. 워크 플랜도 세우기 쉽고. 「검증과 반증의 타이밍을 생각하면, 어느 시점까지 첫 번째 가설이 세워져 있지 않으면 힘들다. 그러므로 지금 이 정도의 정보 수집을 해두지 않으면 안 된다」는 것에 기본부터 생각하는 습관을 들여야 할 것이야.

아베 | 이 세상에는 이런 틀 없이도 이 세 가지 공정을 무의식적으로 수시로 짜 맞추며 다루는 사람이나 모든 걸 동시에 처리할 수 있는 사람도 있는 것 같아.

스즈키 | 천재의 어프로치지. 그러나 불행하게도 그러한 사람은 지금까지 컨설턴트 생활을 하면서 한 사람도 보지 못했어. 3C라는 틀을 의식화하는 것은 평범한 보통사람의 어프로치일지도몰라. 하지만 대부분의 사람들이 평범한 사람이지. 또한 「흉내낸다」는 것은 모든 창조의 출발점이라고 할 수 있어. 따라하다가 이윽고 그 스타일을 버렸을 때 창조성이 드러난다는 이치지. 틀에서 시작해서 익숙해지면 버리는 것도 괜찮은 방법 아닐까.

아베 | 그런 진화의 사고방식이 중요하다고 생각해. 이 틀만이 정답이다, 라고 믿는 건 좋지 않아. 어차피 익히고 또 써먹는 거지. 거기서 자신의 스타일로 발전시킨다는 정신이 필요한 거고, 중요한 것이야. 모리도 시간이 걸리더라도 실천해보는 게 좋겠다.

엉덩이부터 생각하라

모리 | 아까 스즈키가 "엉덩이부터 생각하라"(결과부터 생각하라는 뜻 - 옮긴이)는 말을 했는데, 얼핏 들으면 「스스로 생각하는 기술」, 「분석기술」에 있어서의 중요한 키워드가 되는 말 아닌가?

스즈키 | 맞아, 모리. 중요한 걸 놓치지 않는군. 대부분이 무의식적으로 그런 말을 쓰지. "생각할 때는 출구부터" "엉덩이부터 생각하라"는 말은 우리가 암묵적으로 전제하고 있는 것이니까 전달하는 것을 잊었을지도 몰라.

아베 | 그래, 엉덩이. 내가 모리라면 이런 설명을 하겠어. "우리의 프로젝트에는 시간이라는 자원의 제약이 있다. 팀원의 체력에도 한계가 있고 「머리부터 생각한다」는 어프로치로는 이

기간 내에 일부를 볼 수는 있어도 결론은 낼 수 없다. 우선은 이 상황에서 효과, 효율이 최대한 상승하는 방법을 할 수 있는 한 실천하고 싶다. 그렇게 하고도 안 된다면 내가 책임지고 대처하겠다. 나의 제안은「엉덩이부터 생각하자」라는 것이다. 잠정적인 결론을 생각하기 위한 재료는 갖춰져 있다. 우선 이 이상의 정보 수집은 그만 두도록 하자. 손 안에 있는 정보에서부터 무엇이 결론인지 우리의 머리로 생각해 보아야 하지 않을까. 우리가 얻고자 하는 것은 어떻게 하면 동부전기판매가 바로 설 수 있을 것인가 하는 점이다. 그러기 위해서는 현재의 상황을 초래한 원인을 찾아내야 한다. 인과관계의 추론이 중요한 일이다. 원인은 여러 가지가 있을지도 모른다. 현 상황을 몇 가지 틀로 나눠서 인과관계를 검토하는 것이다.

여기서 나오는 것은 어디까지나 잠정적인 결론, 즉 가설이다. 확실한 분석으로 검증해야 하는데, 검증되려면 정식으로 우리의 제언이 된다. 반증되면 다음 가설을 만들고, 검증한다. 검증을 시도하는 가설은 우리에게 있어서의 최대의 논점이다. 날카로운 분석을 하자. 중요한 점을 깊이 파내려 갈 수 있다는 의미에서도 형식적인 어프로치보다는 낫다.

조속히 과제를 정리하고 원인을 추정하는 사고 작업에 돌입해주기 바란다. 과제를 세분화하여 각각의 원인을 찾아내주기 바란다. 인과관계를 명확하게 하는 것이다. 내일 저녁, 각 팀이 프레젠테이션을 할 수 있도록."

모리 | 야... 이거 할 수 있을까. 자신 없는데...

스즈키 | 그럴 거야. 마스터 하는데 최소한 1-2년은 걸리니까. 그래도 시도하지 않으면 전진할 수도 없어.

제2회 강의 정리

❖ **분석의 마음 = 과학적 합리주의**
- 객관적 진리의 존재, 세분화(인수분해)의 어프로치, 인과관계의 발견.
  Prove it 정신. 증명 없는 의견은 수렴되지 않는다.

❖ **분석의 Dos & Don'ts**
- Dos : 분석 = 인과관계분석
  Don'ts :「묘사」는「분석」이 아니다. 분석증후군 감염주의.

❖ **가설검증법의 우위성**
- 버리는 전략 : 완전한 이해를 추구하는 것이 아니라, 중요한 사항에 초점을.
  시간제약 속에서, 최대효율로 최대효과를 얻는다.

❖ **3C 방법론**
- Collect, Create, Confirm.
  항상 워크 플로우(work flow)를 의식화한다.

❖ **엉덩이부터 생각한다.**
- 결론부터 생각하고, 가설을 구축하고, 인과관계를 분석.

제4장

프레젠테이션, 메시지를 판다

* 프레젠테이션에 실패하다
* 메시지를 밀어내기만 하는 것은 커뮤니케이션이 아니다
* 스토리 라인을 구성하라 – 대본의 레이아웃
* 하나의 슬라이드에 하나의 메시지만 넣어라 – 대본의 제작
* 듣는 사람들을 의식하라 – 대본에 충실한 표현
* 공감을 얻어라, 커뮤니케이션은 전략이다
* 위로부터의 개혁과 아래로부터의 개혁을 조합하라
* 숫자를 이용하라 – 연출기법(1)
* 도형을 이용하라 – 연출기법(2)
* 5C를 기억하라
제 3회 강의 정리

프레젠테이션에 실패하다

　두 번째 강의로부터 한 달 반이 지나 현안인 프로젝트W도 어느덧 완료되었다. 모리의 초기 가설은 완벽하지는 못했지만 무난한 것으로 증명되었다. 처음으로 경영진을 상대로 프레젠테이션을 했다. 부끄러울 정도의 완성도였지만 끝날 무렵에는 칭찬의 말도 들을 수 있었다.

　영어공부는 열심히 계속하고 있다. 시간을 들여서 「비즈니스 위크」를 정독해도 절반도 이해하지 못할 때가 많지만, 2개월 전에 비하면 좋아졌다. 점심시간에 「비즈니스 위크」를 열독하는 모습을 종종 카나코에게 들키곤 했는데, 그 다음부터는 그녀의 시선이 신경 쓰이곤 한다. 그런 것도 묘하게 학습의욕을 고취시키곤 했다.

　전철로 출근하면서는 변함없이 영자신문을 읽고 있다. 특정 단어가 자주 인용되고 있어서 「영자신문 읽는 법」 같은 책을 두, 세권 읽고나니까, 독해력이 상당히 향상되었다. 1시간 동안 아무리 못해도 1면은 빠짐없이 읽어낼 수 있게 되었다. 시사문제와 경제, 경영문제에 관해서는 어휘력이 상당히 늘었다. 매일 같은 어휘를 접하기 때문일 것이다. 해외출장에서 영어능력을 시험받을 단계는 아니지만 2－3년 동안 이런 상태로 훈련을 쌓으면 뭔가 이룰 수 있을 것 같다는 기대감도 어렴풋이 생겼다.

문제는, 「스스로 생각하는」 훈련이다. 스즈키는 컨설턴트니까 늘 새로운 테마를 부여할 수 있지만 모리의 경우 큰 프로젝트에 배속되는 일은 좀처럼 없다. 「스스로 생각하는」훈련을 할 장소를 찾아야 한다고 생각하고 있었다.

선생격인 스즈키는 너무 바쁘기 때문에 상담하기 힘들어서 제자격인 아베에게 물어 보았더니 재미있는 트레이닝 방법을 전수해주었다. 「퇴근길 전철을 이용하라」는 것이다. 전철 안의 광고판이나 승객들이 읽고 있는 석간신문에 등장하는 기업이나 상품에 관해 무엇이 과제이고 어떻게 하면 판매나 수익을 신장시킬 수 있는지 생각해보라고 했다. 하루에 한 가지 테마로 한 시간 동안 온전히 사고 작업을 실행한다는 것이다. 아베는 스즈키로부터 이 방법을 배운 이래 지금까지 5년 동안이나 이를 실천하고 있는 모양이다.

전철 안에서 방해를 하는 사람은 없다. 완전히 고독해진다. 자료를 들춰보고 싶어도 아무것도 가진 게 없으므로 머릿속으로 상상하는 수밖에 없다. 게다가 진동이나 혼잡이라는 적절한 자극까지 있어 생각하는 데는 최적의 공간이라 할 수 있다. 무엇보다도 스즈키는 평소부터 「중요한 일」은 전철에서만 한다고 말해 왔다. 중요한 일 = 스스로 생각하는 일일까. 클라이언트의 서류를 전철 안에서 들춰 볼 수도 없는 노릇이니 잠자코 생각에 잠기는 것이다. 굳이 적당한 통근시간이 소요되는 거리에 사는 것도 이해할 수 있을 것 같다.

스즈키에게 배운 것에 약간은 믿음이 가는 기분이 들기 시작했다. 그 특별난 외국계 컨설턴트 말투에 저항감이 느껴져 솔직히 말하면 따르고 싶지 않은 마음도 컸었는데.

그런 모리에게 또다시 위기의 과제가 주어졌다. 프로젝트W의 후속이다. 지난주 동부전기판매 사원 100명 앞에서 재생 플랜에 관한 프레젠테이션을 했었다. 청중의 차가운 시선에 신경이 쓰여서 성공적이었다고는 말하기 힘들다. 불안을 느낀 모리는 카나코에게 피드백을 받았다.

모리 | 어때? 동부전기판매의 반응은.

카나코 | 솔직히 말해서 프레젠테이션은 실패예요. 반발하는 층이 3분의 1, 냉담한 층이 3분의 1. 어차피 아무것도 안 될 거라고 부정적으로 보고 있어요. 3분의 1은 찬성층인데 젊은 사람들뿐이고. 침묵의 사보타지라고 말하는 편이 낫겠죠.

모리 | 반발층에게 냉담층이 동조하고, 결국 그들이 소리없는 찬성

층을 집어삼키게 된다는 건가.

모리는 고민했다. 어떻게 하면 나머지 3분의 2의 공감을 얻어낼 수 있을까. 역시 나는 안되는 건가. 스즈키의 얼굴이 떠올랐다. 역시 설교뿐인 컨설턴트는 역부족이다.

카나코 ｜ 그리고, 차장님의 프레젠테이션 스타일 말인데요, 제가 보기에는 좋았어요. 논리가 확실한 느낌을 받았거든요. 젊은 층도 같은 느낌이었고요. 그렇지만...

모리 ｜ 그렇지만?

카나코 ｜ 중간관리자들에게는 상당히 평판이 나빠요. "뭘 말하려 하는 건지 모르겠다" "현장을 제대로 파악하지 못한 본사의 밀어붙이기" "학자의 허튼소리" 등등, 심한 표현이....

할 수 없다. 슬슬 신바시 비즈니스 스쿨의 세 번째 강의 「커뮤니케이션 기술」을 요청해야겠다. 내친김에 스즈키에게 클레임을 걸어야겠다. 모리는 카나코가 듣지 못하도록 중얼거렸다.

* **메시지를 밀어내기만 하는 것은
커뮤니케이션이 아니다**

세 사람은 오랜만에 본교 교사인 신바시 쿄진칸에 모였다.

스즈키 | 모리의 상황은 잘 알겠어. 그렇다고 너무 원망은 하지 마. 커뮤니케이션 전략은 아직 강의 전이잖아.

아베 | 모리도 청중이 「메시지를 듣기만 하는」 프레젠테이션은 어느 정도 자신이 있지만 그것은 전달기술로서의 「커뮤니케이션」이 아니지. 「메시지를 밀어내는」것뿐이야. 이제까지의 사고나 분석의 정리라는 의미로 이것을 결정화 = 크리스타라이제이션(crystallization)이라고도 말할만한 단계에 지나지 않아. 커뮤니케이션은 듣는 상대방에게 메시지를 파는 마케팅 전략이야. 그 부분이 전혀 고려되어 있지 않은 것처럼 생

각되는군.

모리 | 결정화? 구체화라는 의미인가? 분명히 나는 내가 말하고 싶은 것을 말한다고 할까, 작업의 총결산을 전달했을 뿐인지도 몰라. 그래서 공감을 얻지 못하는 건가. 이거야 원, 그건 「커뮤니케이션」이 아니었던가.

아베 | 상대방에게 공감을 갖게 하고 마음과 몸을 움직일 때, 비로소 커뮤니케이션이라 부를 수 있지. 일방적으로 자신의 메시지를 전달하는 것은 커뮤니케이션의 필요조건이지만 충분조건은 아니지. 좋은 상품을 만들었지만 마케팅이 안 되어 있으면 팔리지 않는다는 것과 같은 말이지.

실무가인 아베가 말하는 것은, 왠지 솔직하게 들린다. 아베 덕분에 스즈키에 대한 불신감이 조금씩 불식되어가는 느낌이 들었다.

스즈키 | 어떻게 하겠나, 결정화를 거치지 않으면 커뮤니케이션도 있으나마나 한 것을. 우선은 「메시지를 밀어내는」 것으로 밥 먹고사는 전략 컨설턴트의 입장에서 결정화의 세 가지 공정에 관해 이야기하기로 하지. 즉 제품 = 소재 = 컨텐츠라는 정리 방법이야. 기본에 충실하기만 하면 누구라도 할 수 있지. 첫 번째가 「대본의 핵심 부분을 대략 만들어보는 것」. 컨텐츠의 구성이다. 이는 분석편에서 이야기한 과학

적 합리주의의 3원칙, 즉 객관적 진리의 존재, 인수분해, 인과관계의 발견, 이 세 가지를 담는 것이 포인트야. 두 번째는 간단, 간결을 취지로 한 「대본의 제작」이야. 그리고 마지막이 「대본에 충실한 표현」인데, 모든 프레젠테이션은 이 원칙에 따라야 해.

모리 | 스즈키처럼 달변은 아니지만 그 정도라면 나도 할 수 있을 것 같아. 하지만 나는 컨설턴트 선생님과는 달리 말하는 것으로 끝나는 게 아니니까 걱정이 되는군.

스즈키 | 무슨 소리야. 기본적인 부분이라도 수련이 필요한 거라고.

모리 | 미안해, 미안해. 징징거리는 꼴이 되었네. 하지만 말이야, 미안하지만 나같은 일반 샐러리맨들은 스즈키같은 사람들에게 상당한 편견을 갖고 있다고.

스즈키 | 알고 있어. 하지만 일단 들어 봐. 비판은 나중에 하고.

모리 | 알았어.

스토리 라인을 구성하라
– 대본의 레이아웃

스즈키 | 3C에서 설명한 분석의 방법론으로 컨텐츠는 대강 결정되었다고 보아도 좋아. 그 골격에 덧붙여서 유효한 메시지 전달로 연결할 수 있는 것이 결정화의 목적이야. 어서「대본의 핵심 부분을 대략 만들어보는 것」에서부터 시작하도록 하자.

대본작성 작업은 분석을 설계할 때에 시작된다고 보아도 좋아. 분석의 기본원칙은 다음의 세 가지야. **1.** 회사의 경영에는 객관적 진리가 존재한다고 전제하고, 분석을 설계하는데 있어서는 엉덩이, 즉 결론부터 생각한다. **2.** 진리는 인수분해되고 과제는 나무 모양의 구조가 된다. **3.** 인수분해된 각 요소는 인과관계를 어떻게 생각하는가로 분석된다.

대본의 핵심 부분을 대략 만들어보는 것에 이 원칙을 적용시키는 것을 「스토리 라인의 구성」이라 불러. 가장 간단한 것은 분석 작업의 순서대로 말하고 싶은 것을 늘어놓는 것이야. 우선은 과제의 구조를 그리는 거야. 가장 큰 경영과제를 몇 가지 서브의 과제로 인수분해한다는 부분이지.

모리 | 프로젝트W라면 판매 이익의 감소라는 과제를 상품력, 영업력, 채널 정책의 3가지로 분해하긴 했는데.

스즈키 | 그리고 각 서브의 과제마다 인과관계 분석을 설계했나?

모리 | 상품력을 분석했더니 매상고 상위 5할의 상품은 수익을 올리고 있었어. 그러나 다른 상품은 적자라는 사실에서 상품라인의 확대가 상품수익성을 훼손하고 있다는 인과관계를 알게 되었어. 영업력에서는 너무 다양한 상품을 끌어안고 있어 영업활동이 분산되기 때문에, 경쟁상대에 비해 상품 당 영업에서 열세에 놓여있는 것이 매상을 지지부진하게 만들고 있었어. 마지막 채널 정책도 마찬가지야. 상품라인이 너무 방대해서 주력상품을 기동적으로 큰손 채널에게 투입하지 못하기 때문에 기회손실이 발생하고 있었지.

스즈키 | 문제는 그런 식으로 정리할 수 있어. 그리고 같은 구조로, "만일 ~~하다면"이라는 대응책을 생각해야 해. 과제해결의 방향성을 탐색하는 것이지.

모리 | 상품라인을 5할 삭감하면 이익률이 어디까지 개선되는지 분

석했어. 그렇게 하면 영업사원의 자원을 집중할 수 있었지. 그 결과 상품삭감에 의한 매상감소분의 커버 이상으로 얼마만큼 매상이 증가하는지 또한 큰손 채널에게 주력상품이 쉽게 도달하게 되어 기회손실이 얼마만큼 감소하는지를 알았어. 더불어, 매상증대와 이익률 개선의 여지도 시뮬레이션하였지.

스즈키 | 그리고 마지막으로, 구체적으로 어떤 개혁을 실행하는가에 관해서 고찰했겠군. 여러 가지 해결책인 대안의 평가, 그리고 제언이지.

모리 | 그래. 상품라인 중 50% 즉시 폐지, 우선 30%를 폐지하고 그 다음에 50%까지 간다, 그리고 10%씩 5년간에 걸쳐서 삭감한다고 하는 3가지 대안의 메리트와 디메리트를 비교했어. 그래서 두 번째 대안이 가장 적당하다고 하는 결론을 냈어. 마지막으로 그 실행계획을 만들었지.

스즈키 | 지금 모리가 말한 것을 그대로 스토리 라인의 초기구성으로 삼으면 되겠다. 제1장 과제의 구조, 제2장 해결의 방향성, 제3장 해결책의 대체안과 평가, 제4장 제언과 실행계획, 이렇게 펼쳐놓을 수 있어. 그냥 솔직하게 분석의 구조를 따라하면 되는 거지.

모리 | 이것은 나도 네가 말하는 대로 할 수 있었어. 대부분 자네가 말한 대로 구성되었지. 그것이 분석의 흐름에서 보아도 자연

스러우니까. 결론으로서의 진리가 있고 그것에 도달하기 위해 인수분해하고, 인과관계를 분석한다고 하는 기본적인 사고방식이지.

아베 | 아마 모리도 느꼈을 테지만 이 수법을 쓰면 콘텐츠는 간결하고 단순한 구조가 되지. 간결함은 프레젠테이션의 기본사상이야. 누구라도 알 수 있고 비틀린 곳 없이 직설적인 논리로 구성하는 것이 중요해. 일반적인 우리나라 샐러리맨이 작성하는 서류는 논리가 뒤얽혀서 아무튼 어수선하지. 내가 외국계 회사에서 배운 것은 간단하고 간결한 서류작성 방법이지. 포인트는 표현기술이 아니라 논리 구성에 있는 것이거든.

＊ 하나의 슬라이드에 하나의
   메시지를 넣어라 – 대본의 제작

스즈키 | 그럼 이제는 두 번째, 「대본의 제작」이네. 지금 모리가 쓴 대본의 핵심 부분을 대략 만들어보는 것에 기초한 프레젠테이션용 보고서를 만들자. 우리 컨설던트들은 OHP(오버헤드 프로젝트, 스크린 위에 영상을 확대 투영할 수 있는 기기 – 옮긴이)로 프레젠테이션을 실행해왔던 전통에서 이것을 「슬라이드」라고 불러. 원칙은 「원 슬라이드 원 메시지」야. 단순, 간결한 논리를 전개하기 위해서는 한 장의 종이에 해야 할 말을 하나로 엮어내는 거지.

모리 | 예를 들면, 「본사의 50%에 달하는 적자상품이 수익률을 몇 % 끌어내리고 있다」는 식의 한 줄짜리 메시지 말이지.

스즈키 | 그렇지. 프로젝트 전체를 30페이지인 슬라이드로 정리한

다고 하면, 좀 전의 구성에 따라 30줄의 메시지가 나오게 되는 것이지. 메시지만으로도 결론을 알 수 있게 해야 해. 30줄짜리 산문시지. 여기서는 프레젠테이션용 대본 만들기에 대해 설명하겠지만 메시지를 그대로 종합해도 상당히 읽기 쉬운 메모가 되거든. 다른 서류 작성에도 응용이 가능하고.

아베 | 그리고 그「원 메시지」를 서포트할 분석이며 사실이며 관찰사항등을「원 슬라이드」즉 1페이지에 적어 넣는 거야.

스즈키 | 그렇지. 메시지 그 자체와 그것이 성립되는 이유나 증거가 그 한 페이지에 정리된다는 구성이지. 메시지를 서포트할 소재는, 문장은 최대 7항목까지, 그래프는 최대 2개까지로 할 것. 이것은 내가 경험해봐서 잘 아는데, 듣는 사람의 머리를 혼란시키지 않기 위해서는 그것이 최대한도의 한계라 할 수 있지.

모리 | 그렇군. 내「슬라이드」는 너무 장황해. 그래프도 더덕더덕 붙어 있고. 그리고 여기저기 논리가 맞지 않는 곳도 많고.

스즈키 | 우선은 핵심이 되는 주장을 전달하여 듣는 사람을 납득시킬 필요가 있어. 슬라이드는 현장감과 사실을 중심으로 해서 쓰는 것이 기본인데, 준비된 여러 가지 재료에서 덜 중요한 것을 가지 쳐 나가는 거지. 재료가 많은 것이 좋을 것이라고 잘못 생각하기 쉬운데 사실은 전혀 그렇지 않거든.

적으면 적을수록 좋지. 그러나 자신의 주장은 이 같은 자료로 밖에는 서포트해줄 수 없으니까 선별을 잘해야 해. 엑기스만을 추출하는 것이 열쇠지.

모리 | 버리는 전략의 관점이 바로 이거군.

스즈키 | 어려운 말이나 추상적이고 애매한 말은 절대로 써서는 안 돼. 이상적인 문장은 초등학생이라도 이해할 수 있을 정도의 간단한 말과 누구라도 잘못 해석하지 않을 정도의 구체적인 고유명사로 말할 것. 여기서도 원칙은 간결, 간단이야.

모리 | 그렇군, 「초등학생이라도 이해할 수 있을 정도의 말」이이어야 한단 뜻이지. 구성, 메시지, 말, 그래프 모두가 간단, 간결해야 한다는 게 공통된 열쇠군.

듣는 사람들을 의식하라
– 대본에 충실한 표현

스즈키 | 마지막은 「대본에 충실한 표현」을 하는 것이야.

모리 | 그러고 보니 스즈키의 과외수업도 요약 그 자체로군.

스즈키 | 맨 처음에 전체 모습을 확실하게 보여준다. 그 다음 지금 어느 구성요소에 관해 이야기하고 있는지를 명쾌하게 전달하고 메시지와 그 메시지가 도출해낸다고 판단하는 이유를 설명하는 것. 이 스타일이 기본이지. 쓸데없는 말을 하면 상대를 혼란시키기 쉬우니까 주의하도록 해. 유저 프랜들리를 염두에 둔 간단, 간결한 프레젠테이션이 아니면 말하고자 하는 내용을 전달할 수 없어.

모리 | 상대방이 알아듣기 쉬운 프레젠테이션이군. 사실, 지금까지 그런 배려는 하지 않았던 것 같아.

스즈키 | 이것은 합의 형성을 위해 상당히 중요한 것이야. 예를 들면 너의 프레젠테이션에 반대하는 사람이 있다고 하자. 너는 혹시 듣고 있는 사람 전원이 프레젠테이션 내용을 100% 이해해주고 그 다음에 찬성, 반대의 판단을 한다고 전제하고 있지 않나?

모리 | 그야 그렇지. 반대라는 의견을 내는 것도 이해를 한 다음의 행동일 테니까.

스즈키 | 반드시 그렇지는 않아. 이해할 수 없어서 반대하는 패턴이 의외로 많다고. 이해하지 못하는 것에 사람들은 어떠한 반응을 할까. 상관없는 사람들의 일이라면 어떻게 되든 상관없겠지. 하지만 너의 프레젠테이션은 상대방에게 무엇인가 변화나 변혁을 요구하는 것이야. 잘 알지도 못하는 일에 추종하고 변화하라고 하느니, 사람들은 지금 이대로가 좋다고 생각하는 게 당연하지. 이해하지 못하는 사람은 대부분 반대 입장에 선다는 건 당연할 일이야.

모리 | 듣고 보니, 그런 사람이 많은 것 같아. 그들 입장에서 보면 이해할 수 없는 개혁안을 만든 것은 나의 책임이고, 자신들에게는 아무런 책임이 없지. 그런 그들이 내가 말하는 것을 따라와줄 리 없고. 즉 나에 대한 반대는 내가 뿌린 씨앗인 셈이군.

스즈키 | 다들 알아듣는다는 얼굴을 하고 있는 자리에서 "무슨 말

인지 모르겠다"고 말하는 것은 용기가 필요한 일이라고. 그러니까 "모른다"는 대답은 좀처럼 나오지 않지.

모리 │ 그럼 어떻게 해야 하지?

스즈키 │ 내 경우에는 몇 번이라도 먹혀들어갈 수 있도록 똑같은 프레젠테이션을 반복해. 그리고 절대적으로 이해해주기를 바라는 층만을 모아서 합숙토의를 하기도 해.「토의」라는 명칭을 썼지만 실체는 친절한 프레젠테이션이지. 조금이라도 알기 어려운 부분은 빠짐없이 질문해달라는 어프로치로 질의응답에 시간을 할애하고, 하루를 꼬박 걸려서라도 이해를 시키지.

아베 │ 나도 이해도에 따라 수차례 사내 프레젠테이션과 토의를 기획하는 케이스가 많아. 이해도의 레벨은 사전에 상정 가능하니까.

모리 │ 그것은 공부가 되기도 하겠는데. 듣는 사람이 내부 사람이기 때문에 만만하게 여긴다고나 할까, 쫙 이야기하고 자료를 넘겨서 읽어 봐달라고 하는 프레젠테이션이었으니까, 개선의 여지가 크겠군. 그러나 듣는 입장에서 이해하기 쉬운 프레젠테이션과 메시지를 밀어낸다는 말에는 별로 깊은 연관이 없는 것 같은데.

스즈키 │ 아니야. 과학적 합리주의에 입각한 메시지를 발표자가 경제합리성을 전면에 내걸고 경쟁원리를 주축으로 말하는 것이야. 알기 쉽게 전달하는 것은 상대방에게 자신의 사상을 채워넣기 위한 것이 된다는 말이야. 경제합리성이라는 주장, 즉 발표자의 최대 에고가 사고방식의 틀에 잠재해 있다는 뜻이지.

모리 | 그거 오싹한데. 알기 쉽고 뜻이 통하면 '노우'란 말은 좀처럼 말하지 못할 거 아냐?

스즈키 | 그래. 논리와 분석의 완성도가 높으면 어떤 질문과 반론이 있어도 싸울 수 있지. 이 세상은 객관적 진리, 즉 정답은 하나뿐이라는 입장을 가지고 어디까지나 주관을 버리고 객관적으로 분석하니까. 정당한 이치에 대해서는 굴복하지 않을 수 없는 법이야. 「정론」의 강점이라고나 할까. 정론을 펼치면, 누가 뭐라해도 자기주장을 확대해갈 수가 있지.

공감을 얻어라,
커뮤니케이션은 전략이다

아베 | 여기까지는 메시지를 밀어내기 위한 기본기술이야. 메시지에 대해 찬성을 얻기 위해서는 더욱 상대방의 심리를 읽고 귀에 쏙쏙 들어가 박힐 수 있도록 연구하여 마음을 움직이게 하고, 행동으로 연결시킬 필요가 있어. 머리로 이해시키는 것만으로는 충분치 않아. 모리의 「커뮤니케이션 활동」에 결여되어 있던 것은 공감을 얻기 위한 전략이야.

스즈키 | 아베는 현장의 실무가야. 현장 개혁을 통해서 경영성과를 올릴 필요가 있지. 우리 전략 컨설턴트의 고객은 경영자나 간부층에 한정되어 있지만 아베의 경우는 중간관리직이나 일반직에 이르기까지 찬성을 얻어낼 필요가 있지. 어떤 계층의 사원을 변신시키는 것이 가장 중요하고 가장 큰일인

지, 그리고 어떠한 메시지 전달을 하면 그들이 움직일 것인지, 하는 전략계획을 확실하게 짜아 하는 것이지.

아베 | 모리는 현장의 개혁 리더야. 사원이라는 「고객」에게 메시지라는 「상품」을 멋지게 팔아먹고 싶을 것이지. 그러려면 「사원을 겨냥한 마케팅 전략」을 생각하지 않는 한, 제대로 해나갈 수 없어. 이는 스즈키에게서 배운 마케팅 전략의 응용이야.

스즈키 | 요컨대, **1.** 커뮤니케이션은 메시지의 마케팅이고, **2.** 커뮤니케이션에 쓰이는 사람, 물건, 돈의 자원은 유한하므로, 우선순위를 메기는 전략이 필요해. 커뮤니케이션은 즉 전략이라고 간주해야 하는 거지. 구체적인 순서는, 마케팅 전략의 입안과 같아. 고객 한 사람 한 사람에 따르는 세심한 플랜을 만드는 것은 경제합리성이 허용되지 않으므로 우선은 사원을 동질의 커뮤니케이션 니즈(needs) 집단으로 나눈다. 마케팅에서 말하는 세그멘테이션(세분화)이야. 그리고 세그멘트(부문)마다 니즈를 파악하여 최적의 전달 방법을 연구하는 거야. 갑작스럽기는 하지만, 모리라면 어떤 세그멘테이션을 생각하는지?

모리 | 글쎄, 개혁에 있어서 임팩트의 크기에서부터 보자면 가장 중요한 세그멘트가 과장, 차장, 부장 등의 중간 관리직. 그 다음이 계장 이하의 젊은 사원. 마지막이 사무 등을 담당하는 일

반직 사원쯤 되려나.

스즈키 | 개혁에 대한 저항도를 생각하면 난이도는 어떤가?

모리 | 영향을 잘 받는 쪽이 젊은 층, 그 다음이 일반직인데, 중립적이야. 분명한 저항세력이 중간관리직이라고 한다면, 중간관리직이 최대 타깃 아닐까?

스즈키 | 그 다음은 세그먼트마다의 니즈다.

모리 | 어려운 질문이군. 바꾸고 싶지 않다고 하는 것이 니즈일지도 모르고….

스즈키 | 힌트를 줄까? 각 세그먼트의 이해관계자는 누구일까?

모리 | 이해관계자? 글쎄, 자신의 에고(자아)에 관해 생각하기 전에 인간은 여러 가지 페르소나(가면)를 쓰고 있지. 그 페르소나의 대상이 이해관계자가 되는 셈이지.

스즈키 | 맞아. 중간관리직의 이해관계자는 누구일까?

모리 | …… 상사. 그러나 그들의 상사인 임원은 이 개혁 플랜에 찬성하고 있어. 오히려 저항이 있다면 내 경험상으로는 고객과 부하직원이야. 중간관리직은 판매책임자로서 고객과 일상적으로 접하고 있어. 개혁은 그 관계에 변화를 초래하지. 부하직원에 관해서도 마찬가지야. 저항하는 것은 이 두 개의 이해관계자에 대한 체면을 의식하는 탓인가.

스즈키 | 실로 체면의 문제군. 개혁의 앞길을 막는 것은 언제나 중간관리직이야. 왜냐하면 그들은 「중간」에 속한 관리직이

기 때문이야. 일반직 사원은 이거해라, 저거해라 하는 상명하달식으로 변화를 촉구당해. 이러한 층은 개혁의 배경도 목적도 수법도 무엇이든 상관없지. 관심이 있는 것은 「자신의 일이 내일부터 어떻게 달라질 것인가」하는 것뿐이므로 내일부터 이렇게 하라는 만큼 움직이는 거야.

그러나 중간관리직에게는 부하직원이나 고객이라는 이해관계자가 있고, 그 관계구축에는 자신의 프라이드와 자발성을 발휘하고 있어. "본부의 방침이므로 이렇게 합니다"라는 말을 할 정도의 메신저 역할을 하는 것은 그들에게 있어서는 굴욕적이지. 이 층은 제언을 구성하는 배경을 충분히 조작하고, 그 다음은 어찌 된다는 것까지 충분히 예견할 수 있을 만큼 소화한 후 자신의 말과 스스로에게 맞는 행동형태로 부하나 고객에게 메시지를 전달하고 싶은 것이지.

모리 | 남의 일같지 않아. 중간관리직이 되면 이해관계자의 중심에 있어야 만족할 수 있어. 리스크가 있는 상명하달식의 밀어붙이기를 싫어하는 게 당연하지. 그렇게 하면 이 층의 커뮤니케이션 니즈는 이번 강의인 변혁보다 상위의 개념이 될지도 모르겠군. 그들 자신이 상황을 확실히 이해한 다음에 개혁의 필요성을 발견할 수 있다면 좋겠어.

* 위로부터의 개혁과 아래로부터의 개혁을 조합하라

스즈키 | 반은 맞는 말인데, 중간관리직을 대상으로 전략의 사고방식이나 영업관리에 관한 연수를 해서 아래로부터 위로의 개혁을 이루자고 생각하고 있지 않나? 그런 건 실패하게 되어 있어.

모리 | 어, 맞아. 그렇게 생각했는데, 어째서 안 된다는 거지?

스즈키 | 개혁에는 톱다운 방식과, 보텀업 방식이 있는데, 어느 한 쪽으로 치우쳐서도 안 돼. 이것은 역사가 증명하고 있지. 두 가지를 조합해서 아우르는 것이 좋아.

모리 | 그렇다면, 우선은 프레젠테이션으로 커뮤니케이션 하는 것이 필요하겠군. 그 다음에 모회사가 생각하는 그룹전략이나 장기전략, 재무상의 문제점, 성공한 개혁의 사례 등, 배경 교

육을 병행시킬 필요가 있다는 건가?

스즈키 | 정답이야. 또한 핵심 부문의 중간관리직에 대해서는 프레젠테이션뿐만 아니라 대화형식의 토론회나 브레인스토밍도 필요해. 여기서 잊지 말아야 할 것은, 커뮤니케이션에는 전략, 즉 자원분배의 조절이 필요하다는 것이야. 우선순위를 명쾌하게 하고 커뮤니케이션이 상대방의 니즈를 염두에 둘 필요가 있다는 것이 대원칙이지.

일반론적으로 말하면 중간관리직의 니즈는 상위개념의 이해, 그리고 고객, 부하가 이해관계자. 전문직의 니즈는 변화하는 실무의 상세한 이해로, 이해관계자는 전문 업무 그 자체가 되지. 일반직 사원의 니즈는, 자신이 어떻게 손발을 움직이면 좋을까 하는 액션플랜의 이해가 되고. 눈앞의 업무가 바로 이해관계자니까. 그리고 밑에 줄줄이 달려있는 사원은 변화를 원하지도 않고, 저항도 하지 않아. 자기 자신만이 이해관계자인 이 세그멘트는 잘라내버리는 게 좋지.

모리 | 커뮤니케이션의 기술이라고 하면 연기지도는 아니더라도 기술적인 요소가 더욱 큰 것인가 하는 생각을 했었는데….

스즈키 | 그런 요소도 중요하지만 표면적인 연출기술은 「어설픈 지식은 큰 화를 낳는」 리스크가 크지. 타깃 세그멘트의 니즈에 부응하는 연출은 효과가 크지만 어긋나면 참혹한 결과를 낳게 될 위험이 있어. 모리에게 연극적 소양이 있다면

좋겠지만, 그렇지도 않고 말야.

모리 | 응, 확실히 그렇지. 스즈키가 설명해 준 방식은 「전략적」이고, 비상식적인 마케팅의 사고도 취급되고 있어. 이치는 재미있고 단순하지만 실무상의 문제는 없을까. 머리로는 알 수 있지만 왠지 이미지가 떠오르지 않아.

아베 | 그것이 스즈키의 한계야. 그러나 실무현장에서는 여러 가지 요소에 신경을 쓰거나 배려를 할 필요가 있어. 실이 엉클어지듯 뭐가 뭔지 알 수 없게 되는 일도 있지. 그럴 때 머리를 정리해주는 것이 스즈키 같은 전략 컨설턴트의 심플한 어드바이스야.

스즈키 | 그렇구나. 나에게 경영자로서의 실무에 관한 재능이 있는가 생각해보면, 그런 건 없더라고. 다만 아베처럼 현실 세계가 혼란스럽기만 한 비즈니스맨을 구제하는 것쯤은 할 수 있다고 생각해. 우수한 기업인이 자신의 사고방식으로 경영에 종사하는 가운데 좌절과 맞닥뜨려 문득 우리의 어드바이스에 귀를 기울이는 그럴 때 가장 가치가 있지.

모리 | 전략 컨설턴트란 오피니언리더처럼 경영 전반에 관해 다양한 제언을 한다는 이미지를 갖고 있지만 지금의 스즈키의 말을 들으면 그렇지도 않은 것 같아.

아베 | 주역은 어디까지 실무 세계에 있는 우리야. 장애에 부딪쳤을 때 의견을 구하고 좋은 것은 반성의 재료로 삼는 것이지. 나

도 자주 컨설턴트를 의뢰하지만 그들은 「사용자」이지 결코 「고용자」는 아니야. 주역은 나니까 주체성을 포기해서는 안 돼. 그래야만이 참모로서의 조언이 생명력을 얻지.

모리 | 어드바이스를 담아내는 것, 좋은 것만을 내 방식으로 이용한다. ..... 이용하는 측의 역량이군 (웃음).

숫자를 이용하라
- 연출기법(1)

스즈키 | 동료에게서 들은 어드바이스가 있는데, 연출기법에서도 두 가지 정도 기억해두면 좋은 경험담이 있다. 결국은 테크닉론인데 그 하나가 「수의 원리」지.

모리 | 비즈니스 스킬 책에 자주 나오는 매직 넘버 7이나 3같은 이야기 말인가? 그런 안일한 노하우는 전혀 먹히지 않을 것 같은데.

스즈키 | 나도 숫자는 자주 이용해. 그중에서도 3을 좋아하지. 「원인은 세 가지입니다」라며 말을 꺼내놓고 말하면서 생각을 하는 수법을 쓸 때도 있을 정도지.

모리 | 뭔가 수상쩍잖아. 대체로 컨설턴트들은 「세 가지」라는 말을 자주 쓰던데.

아베 | 나도 그런 비즈니스 노하우는 좋아하지 않아. 그러나 연출에 관해서 여러 가지 연구한 결과, 그들의 경험과 같은 결론에 도달했어. 단 여기서도 「선무당이 사람 잡는다」는 이치가 동시에 적용되지.

스즈키 | 정말 아베의 연구심은 당할 자가 없어.

아베 | 실은 나도 심리학에 열중했던 적이 있었지. 융의 원형 「아키타입」(아키타입이란 집단 무의식에 관한 연구의 대가인 '칼 융'이 인간의 집단 무의식 속에 공통으로 자리 잡고 있는 보편인 이미지의 패턴을 지칭하기 위하여 사용한 단어이다. - 옮긴이) 에 대해서 알고 있나?

모리 | 아아, 인류의 유전자 속에 공통적으로 존재한다는 잠재의식에서의 인식 패턴에 관한 이야기 아니던가?

아베 | 맞아. 융의 학설에 인간의 심층심리를 분석하는 틀이 있어. 인간심리의 가장 표면에 있는 것이 「의식」이야. 그 의식의 중심에 있는 사령탑이 「에고」. 하지만 의식의 아래 계층에는 개인적인 「무의식」이 있지. 스즈키의 합리주의 정신의 강한 에고에서 억압되고 있었던 반합리주의적 사고방식이 스즈키 개인의 무의식에 잠재되어 있다는 것이라고 말할 수 있지.

융은 나아가서 그 아래 계층에 「집합적 무의식」이 있지는 않은가 하는 설을 주장했지. 그 구성요소의 하나가 동물적인 본능이고, 그 본능이 인간의 행동에 직접적으로 영향을 미친다는 거지. 그리고 그 이외의 요소로서 인간의 지각패턴을 좌우하는 「원형」이 있다는 설이지.

요컨대, 어떠한 시대, 어떠한 공간을 막론하고 인간은 똑같이 반응하는 지각 패턴이 있다는 거야. 융은 세계 각지의 신화를 연구해 공통의 스토리와 등장인물의 유형을 발견했어. 나도 취미로 사찰순례나 그림감상 등을 통해 배웠지만 종교적인 상징물이라는 것은 전 세계적으로 비슷한 모습을 하고 있지. 예를 들면 만다라의 원형 이미지가 그리스도교나 이슬람교에서도 똑같이 쓰이고 있거든. 인간은 그러한 것에 대해 일정의 인지 패턴을 표현하고 있는 것은 아닌가 생각하고 있을 때, 융의 학설과 마주쳤던 거지.

모리 | 아베는 취미도 다양하고, 참 다방면으로 공부하는구나.

아베 | 이 집합적 무의식의 견해에서 보면 3은 신을 상징하는 숫자인 것 같아. 「삼위일체」라든가 「석가삼존불」 「동방의 세 박사」, 신 즉, 세상의 창조주와 관련해서 쓰이는 상징이지. 신의 세계 = 우주전부를 세 가지로 말하는 일이 허용될지도 모르지.

스즈키 | 컨설턴트가 3으로 말하는 이유는 그게 기억하기 쉽고 커뮤니케이션이 용이하다는 공급자 측의 사정도 있겠지만, 수요자가 받아들이기 쉽다는 면도 있지. 「우리 회사 전부를 세 가지로 말하다니 엉터리다」 라는 거부반응을 받는

경우는 적다는 거지.

아베 | 4도 나름대로 의미가 있는 숫자인 것 같은데. 4는 인간을 나타낸다는 해석이 있어. 사지라는 말이 그 대표지. 또한 네 가지의 원소가 만물을 구성하는 요소라는 견해도 있고 데모크리토스 이전의 그리스철학이나 인도철학에서도 자주 볼 수 있지. 그리고 신 = 우주가 3이고, 인간이 4라고 한다면, 나아가서 7은 대우주와 소우주인 인간의 양쪽을 나타낸다고도 말할 수 있지.

스즈키 | 어째 좀 어려워졌는데, 요컨대 3, 4, 7이라는 숫자로 말하는데 대해 인간은 유전적으로 위화감이 없다는 해석이 가능하군.

아베 | 그러니까 셋이나 넷, 일곱으로 전체를 말한다는 시도가 받아들이기 쉬운거야. 덩치가 큰 전 회사 레벨을 말할 때는 3, 사업부 수준을 말할 때는 4, 그리고 위에서 아래까지의 느낌으로 회사 전체를 말할 때는 7, 이라는 구분이 가능하지.

모리 | 상대방이 듣기 쉬운 프레젠테이션을 하기 위한 것인가. 그러나 아베도 대단해. 컨설턴트 스즈키도 놀랄 정도야.

도형을 이용하라
– 연출 기법(2)

아베 | 아, 그리고 또 하나. 버블차트라는 컨설턴트 상용 그래프를 알고 있나?

모리 | 아아, 네모 속에 원이 들어가 있는 도표 말인가?

아베 | 실은 미술관에서 그것과 상당히 비슷한 이미지의 그림을 본 적이 있어. 추상화의 선구자인 칸딘스키의 작품이지. 그런데 더욱 놀란 것은 태장계 만다라를 보았을 때였어. 마찬가지로 네모로 세상이 정의되어 있고 그 안의 구조가 원형의 부처로 나타나 있었지. 네모 안에 원이라는 이미지는 닫힌 공간에 세상의 구성요소가 모두 들어있다는 식으로 해석되는 것은 아닌가 생각되더군.

모리 | 그림으로 그린다는 것은 최근의 붐인데, 나는 그다지 선호하

지는 않아. 시각적 감각이 없다고 할까, 보여주려고 생각하는 이미지를 그린 그림이 도무지 어울리지를 않아서 말이야. 젊은 사원들이 노하우 책에서 배워서 그린 그림이 들어있는 기획서를 갖고 오기는 하는데, 센스 없는 사람이 쓸 경우에는 역효과를 주는 것 같아.

아베 | 그건 맞는 말이야. 자신이 없을 때는 도표를 그리지 않는 편이 나아. 업무의 프로세스나 시스템 구성, 조직도 같은 것은 그림을 쓰는 게 괜찮지만 컨셉을 원이나 삼각형으로 그릴 때는 세심한 주의가 필요하지. 상대방이 쉽게 이해하기 쉽도록 하려는 의도가 오히려 역효과를 낳거든.

스즈키 | 아베 말을 듣고서 나도 그림은 그다지 그리지 않게 되더라. 그림에 대한 재주가 전혀 없기도 하고 말이야.

아베 | 나의 해석으로는 원은 긍정적이고 완성된 모습이나 신성한 모습의 상징이고, 인간에게 있어서 가장 중요한 형태 같아. 그러니까 결론을 쓸 때, 원을 많이 사용해. 네모는 인위적인 구조물의 이미지고, 그 안에 의미가 있지. 말하자면 바깥과의 경계선을 의식할 때 사용해. 그야말로 버블차트의 바깥쪽이지. 세모는 교회라고 할까. 천상에는 신의 세계가 있고 긍정적인 이미지이지만 하계에는 인간이 고뇌하는 세계가 있다는 부정적인 이미지. 아랫부분에 문제점을 쓰고, 윗부분에 이상적인 이미지를 나타낼 때 사용하지.

모리 | 실로 감정의 세계라 할 만하군.

아베 | 감성이 떨어지는 사람이 도표를 자주 이용하면 커뮤니케이션이 매우 힘든 상태를 초래하지. 다른 사람의 프레젠테이션이었는데, 듣는 사람이 그림을 본 순간 그 제언에 대해 불쾌감을 나타내는 것을 본 적이 있어. 내용이나 글자나 설명을 이해하기 전에 순간적인 반응이었지. 흥미가 있으면 이 분야를 연구하는 것도 나쁘지 않아.

모리 | 커뮤니케이션에 그렇게까지 노력을 해야 하는 건가? 하여간 그 자세는 배울만 하군.

아베 | 현장을 움직이게 하기 위한 기술이니까 중요하지.

5C를 기억하라

스즈키 | 오늘 강의는 여기서 끝이다. 혹시나 해서 5C로 정리해두기로 하지. 「분석기술」에서 말한 3C에 「Crystallization(결정화)」과 「Communicate」를 추가하는 것이다.

아베 | 스즈키의 문하생 제1호로서 복습하는 의미로 내가 말해보지. 우선은 Collect. 즉 최소한 필요한 사실과 숫자를 모아 가설구축의 재료로 삼는다. 그리고 자기 머리에 과제와 해결책의 이미지를 상상하여 엉덩이부터, 즉 결론부터 생각하고 현시점에서의 자기 나름의 결론을 도출해 낸다. 그것이 가설을 창출하는 Create의 과정이다. 그 가설은 어디까지나 한정된 정보와 상상력으로 만들어진 것이니까 검증되지 않으면 안 된다. Conform의 단계다.

그리고 다음으로 전달하고 싶은 메시지의 대본 쓰기로 들어간다. 제작(스토리라인의 작성)이나 메시지, 슬라이드의 내용을 검토하여 상대방이 듣기 쉽고 간단, 간결한 내용으로 만드는 체계화의 연구에 몰두한다. 이것이 Crystallize의 공정이며, 마지막 Communicate로 이른다. 상대방의 세그맨테이션을 실행하고 그 니즈에 따르는 형태로 전달의 방법이나 포커스에 연구를 집중하는 것이다. 이를 위해서도 최우선 타깃을 향한 자원분배 방법을 생각할 필요가 있다. 커뮤니케이션 전략이 필요한 까닭이지.

모리 | 이상하네. 같은 내용이라도 아베가 말하면 묘하게 설득력 있게 들린다니까.

스즈키 | 그럼, 여기서 3회에 걸친 신바시 비즈니스 스쿨의 강의는 종료. 1회당 약 3시간, 합계 10시간쯤 되나. 어때, 모리. 자신감이 좀 생겼나?

모리 | 스즈키, 정말 고마웠다. 아베도. 여기서 배운 것이 나를 바꾸기 위한 강의였음을 이해할 수 있게 되었어. 그 자신감 넘치는 말투 탓에 처음에는 컨설턴트 특유의 기법이「전략」의 전부인가 싶었지만 잘못된 것이었어. 주체는 나의 삶이고 경험이며 신조라는 게 지금까지 길러왔던 스킬이야.

아베 | 맞아 맞아. 우리 세대에는 필사적으로 몸에 익혀 온 스킬이 있지. 하지만 중요한 것을 모를 뿐 아니라, 그것들을 잘 활용

하고 있지도 않아. 스즈키가 어드바이스한 것은 너의 잠재능력을 이끌어내기 위한 기법이야. 20대나 30대의 젊은이들이 금과옥조처럼 「전략 스킬」「컨설트 스킬」을 비판 없이 받아들이는 것과는 달라. 모두가 그러한 전략 컨설턴트가 될 필요는 없고 그 엣센스를 자신의 스타일화 하는데 자극제로 삼으면 좋을 뿐이지. 실무상 경험이 많은 만큼 우리들 쪽이 사용할 수 있는 스킬을 더 잘 구축할 수 있는 것 아닐까. 스승인 스즈키에게는 안 됐지만 말이야.

스즈키 | 나도 매뉴일대로의 스길만으로 일하는 것은 아니야. 기본을 몸에 익히고 나서 점점 자기 특유의 스타일을 만들어 가지. 형식을 통해 들어가서 형식을 깨지 않으면 살아남을 수 없지. 최소한 10년은 걸린다는 것이 나의 경험이야.

모리도 이제까지의 일로 자기 나름의 「형식」을 확립한 상태일 거야. 그것을 부수고, 새로운 모리 식 스타일을 창조할 것. 그것이 불혹을 넘은 중년이 「자신을 바꾼다」는 것의 본질이다. 이번 강의가 파괴를 위한 파워가 되어 주기를 바란다. 소화불량이라 해도 상관 없고, 전부 교과서대로 실천할 필요도 없어. 힌트나 자극제로 삼아주면 그것으로 충분하니까.

모리 | 그렇게 말해주니 맘이 놓이는군. 전부를 습득하는데 10년이 걸린다니 말이야...(웃음)

제3회 강의 정리

❖ 메시지를 밀어 낸다 = 결정화
- 대본의 제작 : 과학적 합리주의에 의거해서 간결하게.
- 대본을 쓰는 법 : 원 슬라이드 원 메시지.
- 대본에 충실한 메시지 전달 : 상대방이 알아듣기 쉽고 이해할 수 있도록 노력을.

❖ 메시지를 판다
- 커뮤니케이션 = 마케팅.
- 이해관계자 (스테이크 홀더) 와 니즈의 분석.

❖ 연출기술
- 잠재의식에 호소하는 수와 도형 : 3, 4, 7, 원, 네모, 세모.

❖ 5C의 방법론
- Collect, Create, Confirm, Crystallize, Communicate

제5장

자신을 변화시키는
전략을 세운다

✱ 반 년 만에 변화를 느낄 수 있는가
✱ 전직을 제의받다
✱ 공처불황이 문제다
✱ 가족을 상대로 IR활동을 구상하다
✱ 시간이라는 자원을 효율적으로 분배하라
✱ 업무를 분류하고, 선택하고, 집중하라
✱ 인간관계를 어떻게 할 것인가
✱ 인간관계, 신경을 쓰지 말고 머리를 써라

* 반 년 만에 변화를 느낀다

최종 강의가 있은 후에 아베는 몇 번인가 모리를 술집으로 불러냈다. 신바시 비즈니스 스쿨은 오랜 우정을 활성화하는데도 많은 도움이 된 것 같았다. 전에는 기껏해야 1년에 한 번 정도밖에 만나지 않았던 두 사람이 그 후로는 한 달에 한 번 꼴로 만나게 되었다.

모리 | 스즈키는 잘 있어? 그때 이후로 만나자고 해도 전혀 나오지 않네. 내가 너무 놀려 먹었나? 많이 애써줬는데, 너무 미안해.

아베 | 그 녀석은 신경 쓰지 마. 해외출장도 잦고, 너무 바빠서 나도 전혀 만날 수가 없어. 신바시 비즈니스 스쿨에 세 번이나 얼굴을 내민 건 기적이나 마찬가지라고. 그만큼 모리를 소중하게 생각하고 있다는 말이겠지. 건방지고 드라이하게 보이지

만 실은 좋은 놈이지. 그때는 일부러 너의 화를 돋우려는 시늉을 했을 뿐이야. 상대를 진지하게 만들어서 본심을 이끌어 내려는 작전이었겠지.

모리 | 그런가. 그렇다면 다행이군. 그러나 마지막 강의 이후로 반 년이나 지났는데 배운 것이 몸에 자연스레 붙는 느낌이 없어. 마지막 강의를 하고 돌아가던 길에 아베는 "반 년이면 뭔가 느낄 것이다"고 말하지 않았냐?

아베 | "반 년이면 스스로가 달라졌다는 징후가 보여. 1년이면 정말로 변한 건지도 모르겠다고 생각하게 되고. 그리고 2년이 지나면 남들로부터 달라졌다는 말을 들을 수 있게 되지. 가장 힘든 것이 처음 반 년이야." 도무지 성과나 반응을 느낄 수 없는 시간"이라고 말했던가. 그건 지극히 정상이야. 나도 너와 마찬가지로 스즈키로부터 같은 교육을 받았지만 반 년 만에 겨우 5C를 사용하는 습관을 희미하게 몸에 익혔을 정도야. 지금은 가속도가 붙지 않으니까 스스로 생각해도 나아지고 있다는 느낌은 거의 없을 거야.

모리 | 수면 아래 있는 백조의 다리같은 모양새군.

아베 | 스즈키에게도 그런 시간이 있었어. 별로 약삭빠른 스타일도 아니어서 전직 당시에는 상당히 고생한 모양이야. 전직하고 3년 동안 쓴 다이어리를 보여준 적이 있는데, 낡아빠져서 페이지가 까맣게 된 다이어리에 선배로부터 들은 어드바이스

며 자기 일에 대한 실천내용과 반성이 세세하고 빽빽하게 적혀 있더라고.

더 소박한 노력도 했던 모양이야. 스즈키는 문장을 쓰는 것이 서툴러서 간결하게 임팩트 있는 문장을 쓸 수 없었던 모양이다. 그래서 좋아하는 문장이 담긴 책을 골라서 마치 필사하듯이 베껴 적었나봐. "세간에서 좀 팔렸다는 컨설턴트 책에서 마음에 드는 글을 몇 번이나 읽고 나중에는 처음부터 끝까지 베꼈다. 반년이 지나자 조금씩 내 문체가 바뀐다는 것을 알게 되었고, 1년이 지나자 완전히 달라졌지"라고 말했던 적도 있다고.

모리 | 야... 그 엘리트 티를 팍팍 내던 스즈키가? 그런 순수한 노력까지 했단 말이야?

모리는 마음속으로 아베에게, 그리고 스즈키에게 감사했다. 이렇게까지 진심으로 자신들의 부끄러운 수행의 과정까지 숨김없이 말해주는 우정에 감사를 느꼈다. 그 우정에 보답하기 위해서라도 모리는 5C의 원칙을 책상 위에 붙여놓고 매일 하나하나 업무에 적용시켜 나갔다. 사소한 사내 통지나 상사에게 올리는 리포트 작업에서 메일까지 항상 5C를 의식하게 되었다. 이렇게 된 것도 변화의 징후일까. 모리는 혼자서 중얼거렸다.

카나코 | 차장님, 요즘 활력이 넘쳐 보이시네요.

모리 | 남들한테서 변했다는 말을 듣기에는 아직 이르지.

카나코는 무슨 말을 하는지 모르겠다는 듯 의아한 얼굴을 했다.

* | **전직을
제의받다**

그 후로도 두 달이 더 지났을 무렵, 아베의 호출이 있었다. 한턱 쏘겠다는 것이다.

그는 아카사카의 단골집인 「카나유니」로 나를 데리고 갔다. 이 가게 이름의 유래는 「카나리 유니크-너무 유니크해-옮긴이」의 약어이다. 미시마 유키오(일본의 저명한 소설가 1925. 1. 14~1970. 11. 25 - 옮긴이)도 문턱이 닳도록 드나들었던 그 양식당은 타르타르 스테이크와 어니언 그라탕 스프가 너무도 맛있었다. 고색창연한 그 레스토랑에서 두 사람은 와인 잔을 기울였다.

아베 | 요즘 어때? 얼마 있으면 마흔여섯 번째 생일이네. 신바시 비즈니스 스쿨도 1년이 되어가고.

모리 | 고마워. 5C도 영어도 착실하게 계속해가고 있어. 내 스타일을 찾는다는 게 보통일은 아니더라고, 요즘도 그렇고...

아베가 갑자기 모리의 말을 가로 막았다. 평소에는 하지 않는 행동이었다. 모리는 입을 다물었다.

아베 | 갑작스럽게 말해서 미안하지만 좀 도와주지 않을래? 내 프로젝트를 좀 도와주었으면 해.

모리 | 프로젝트?

아베 | 몇 개월 전에 우리 회사의 한 사업부가 일렉트로닉스 관계 기업에 투자를 했어. 매출은 그저 그렇지만 소비자에게 먹히는 상품을 만들고 있어서 브랜드 네임도 있는 회사지. 그러나 최근 몇 년간 소비자의 요구와는 동떨어진 경영을 하는 바람에 상태가 악화되었지. 출자도 늘리고 경영자도 파견했어. 첫 번째 단계의 구조조정과 비주력사업의 매각은 종료하고 이제부터 본격적인 주력 사업을 바로 세워가기 시작했어. 신임 사장 하에서 프로젝트를 도와 줄 사람을 찾고 있어. COO 정도의 포지션은 아니고. 경영기획부장 보좌역이니까 연봉은 지금보다 내려갈 지도 몰라. 그러나 상장을 노리고 있으니까 스톡옵션은 있을 거야.

빠른 시일 내에 결정해주면 좋겠다. 너에게 있어서는 「자신을 바꾸는 공정」을 총체적으로 마무리할 수 있을 것이라고 생각하고 인생을 길게 보면 결코 나쁜 기회는 아닐 거야. 어때, 생각해보지 않을래? 너처럼 업계를 이해하고 게다가 업계의 상식을 부정할 수 있는 실무가를 찾고 있는데…

모리 | 야… 이거 너무 갑작스러운데. 어떻게 답을 해야 좋을지, 라기보다는 무엇을 생각하면 좋을지를 모르겠는데. 사실 이대로 동부전기에 있어도 임원이 될 싹수는 없지. 일찍이 자회사로 나가서 새로운 경지를 열어볼까, 하는 정도의 생각을 하기 시작하던 참이기는 한데…… 갑자기 전직은……

아베 | 뭐가 문제야? 너에게는 바로 그 힘이 있잖아. 우리나라의 40대 샐러리맨은 단련하는 대로 강해진다. 무대를 바꾸었을 때 성공하는 사람도 많아. 지금 너는 자신이 바뀌기 시작하고 있다는 반응을 느끼고 있을 거야. 대기업에 비하면 불면 날아갈 듯한 규모일지도 모르지만 너의 실력을 더욱 신장시킬 수 있는 일이야. 충실한 마음가짐으로 일에 몰두할 수 있을 거야. 주저할 게 뭐 있어. 1주일 동안 생각해 봐.

아베는 보기 드물게 열정적으로 말했다.

모리는 결국 아무런 대답도 할 수 없었다. 너무 급작스러워서 모든 사고가 멈춘 것만 같았다. 잠자리에서도 곰곰이 생각했다. 전직…… 40세의 도전인가. 솔직히 말하자면 조금 기쁘기도 했다. 나에게 손을 내미는 회사가 있다. 인생은 아직 갈 길이 멀다고 생각했다. 스킬 면에서는 좀더 연마를 해야 한다. 프로 경영자를 향해서 인생의 코스를 변경할 수 있을지도 모른다. 모리는 마음이 진정되지 않았다.

✱ 공처불황이 문제다

다음 토요일, 잠에서 깨자 지난밤의 흥분은 가라앉아 있었다. 브런치를 먹으면서 아내와 아이들의 얼굴을 보고 있자니 갑자기 마음이 차갑게 식어 갔다.

전에 스즈키가 말했었다. 일본의 디플레이션 원인은 대기업 사원의 유동성이 너무 저조하고「좀비기업」으로부터 신흥기업으로 우수한 인재가 움직이지 않는데 있다. 그 배경으로는 마누라가 무서워서 전직을 실행에 옮기지 못한다고 하는 말이 있다. 이를「공처불황」이라 한다. 비즈니스 사회와 단절된 세계에서 살고 있는 전업주부에게는 우리와는 다른 정보와 논리가 있다. 그녀들의 보수성이 대기업 신화를 아직까지 확고한 것으로 만들었을지도 모른다. 기업의 정보개시가 늦어질대로 늦어진 영향이 이런데도 있지 않을까.

모리는, 침대에 누워서 생각하기 시작했다. 조금은 「스스로 생각하는」 습관이 붙은 듯 하다. 스즈키 식으로 5C를 적용시켜 본다. 주택 대출금의 상환이나 지금 있는 순자산, 생전 증여를 포함한 자금원조 가능성, 퇴직금에 관해서는 데이터를 collect 할 필요가 있다. 하지만 가계의 구조조정에 관해서는 어떻게든 된다고 하는 가설은 create 할 수 있을 듯 하다. 자금운용은 괜찮을지도 모른다. 문제는 가족인데, 결사반대를 할 것이 틀림없다. 역시 「공처불황」은 어쩔 수 없는 건가? 그러나 나는 무엇을 위해 일하고 있는가. 그것을 정의하지 않으면 안 된다. 막다른 곳에 다다르면 이해관계사 분식이라고, 스즈키가 항상 말했었다. 나 자신의 이해관계자 분석이라도 할까.

모리는 아주 오래 전에 읽었던 책을 꺼내 들었다. 기업의 이해관계자는 「주주」「고객」「종업원」, 그리고 「회사」. 주주 독단으로 돈 버는 것만 생각하고 다른 이해관계자는 불행해도 그만이라는 것은 좋지 않은 경영이라고 되어있다.

주주가 투자에 대해 기대하는 최저한의 이윤회수분 만을 벌고, 여분의 현금을 균형있게 다른 이해관계자에게 배분하는 것이 정석이다. 자신의 경우를 생각하자, 주주에 해당하는 것은 자기에게 주식 = 지분 투자를 해주는 사람이다. 즉, 교육투자를 해준 양친이고, 현물출자로 나의 생활을 지탱해주는 「가족」인가. 내가 돈을 많이 벌면 그들은 많은 리턴을 향유할 수 있고 내가 파산하면 운명공동체로 주주책임을 지지하지 않으면 안 된다. 여차하는 경우 이혼이라도 하게 되면 유한책임이고, 가정도 주식회사와 다를 게 없다.

　나는 샐러리맨이니까 거느리는 종업원은 없지만 일하는 사람의 행복이라는 의미에서는 자신의 보람도 마찬가지로 이해관계자라고 생각해도 좋을까. 좀 억지스럽기는 하지만. 내가 일해서 서비스를 제공하는 상대라는 관점에서는 근무하는 「회사」가 고객이다. 자신은 사회의 일원이니까 당연히 「사회」도 이해관계자다. 「가족」 「나」 「회사」 「사회」라는 이해관계자에게 균형있게 공헌하는 것이 나의 책무라 할 수 있을까. 깔끔하게 정리가 되는데.

　일에의 보람과 성장하는 기쁨을 너무 중시하면 「나」라는 이해관계자에게만 몰입하게 된다. 주주인 가족으로의 리턴이 감소하니까 주주 = 가족은 화가 날 것이다. 종업원에게 후하게, 주주에게는 박하게. 구시대 일본기업 같다. 하지만 지금은 서로 균형을 이루며 주주와의 관계가 안정을 이루니까 주주는 화내지 않는다. 장기적으로 성장이 이뤄지고 있기 때문이다.

　가족도 마찬가지일까. 일만 중시해서, 가족에게 시간을 내는 것도 아니고 그 대신에 월급이 뛰어나게 많은 것도 아니라면 주주가 반란을 일으키고 주를 팔 수 있다. 즉, 이혼이다. 우리나라에서는 이제까지 안정적인 가족관계가 중시되어 오고 있으니까 미국같은 경우를 당하지는 않았다. 그러나 그것도 회사는 성장하고, 자신들에게는 안정되고 풍요로운 노후가 기다리고 있다는 공동의 환상이 있었기 때문이다.

현실적으로는 우리 회사의 장래는 그다지 밝지 않지만 가족은 아직 모르고 있을 것이다. 그러므로 단기적으로는 월급이 내려가는 이번 전직은 애초부터 가족＝주주에게는 받아들여질 수 없다. 시중의 월급 시세는 점점 떨어져가고 있고 장래를 생각하면 전직을 하는 편이 유리할 지도 모르는데······

그래, 중장기적인 관점에서의 가능성이 주주를 설득할 수 있다면 단기적 리턴이 낮아도 주주는 납득해줄 것이다. 그리고 나서 아베에게 들었던 부사신탁 이야기를 하는 거다. 투자가는 절대치의 이윤회수가 아니라 기대이윤 회수에 반응한다. 사전에 세계정세의 영향으로 이윤회수가 저조해지고 있다는 것을 확실하게 인지시켜 두면 떨어져도 화나지 않는다. 나의 주주＝가족도 마찬가지다. 소득의 기대치를 콘트롤하지 않으면 안 된다.

가족을 설득하기 위해 필요한 행동은 세 가지. 이런, 스즈키의 컨설턴트 말투가 옮았군.

1. 시중의 급여 수준, 트렌드를 분석하여 가족에게 설명하고 기대치를 낮춘다.

2. 단기뿐 아니라 중장기적으로 나의 시장가치도 감안한 모델을 만들어 설명한다.

3. 업사이드의 가능성을 정량화하여 설명한다. 이거 왠지 기업의 IR 활동(투자자를 상대로 하는 홍보활동 - 옮긴이) 같은데.

✽ 가족을 상대로
IR 활동을 구상하다

모리는 한참동안 생각을 계속했다.

IR활동이 필요한 것은 기업정보의 공개를 통한 투명성의 확보가 필요하다는 것과 같은 논리인가. 스즈키는 입버릇처럼 말했었다. 기업활동의 정보가 투자가에게 상세하게 전달되면 정당한 주가가 정해지고, 주가가 기업가치의 모든 것을 나타낸다. 현실적으로는 모든 기업 활동의 모니터링은 불가능하고 정보는 불완전하게 공유될 수밖에 없다. 따라서 적절한 정보 공개를 하지 않으면 바른 기업가치를 반영한 주가를 결정할 수 없다고.

가족문제도 마찬가지다. 나의 회사에서의 업무사정과 스킬, 회사의 장래 같은 정보를 가족이 나와 똑같이 공유하고 있다면 전직하는 편이 낫다고 판단할 것이다. 그러한 정보가 공유되지 않으니까 지금의 가치인 현재의 급료 수준에만 반응하는 것이다.

평소에 가족에게 시간을 할애하고 일이나 회사에 관해 여러 가지 정보를 오픈하고 있으면 설득은 간단할 것이다. 자연스럽게 정보를 오픈하는 것이 이상적이다. 그러나 나는 회사일에 관해서는 일체 집에서 말하지 않는 것으로 해 왔다. 「가족 IR의 충실」을 꾀하지 않으면 안 되겠는데…. 뭐, 이게 돌파구가 될지도 모르지.

모리는 약간 행복한 기분이 되었다. 그리고 가족을 위한 IR 자료 제작에 관해 생각하기 시작했다. 우선은 시나리오 분석이다.

어떠한 다운사이드(하향) 리스크가…… 그렇다! 내가 전직에 대해 이러지도 저러지도 못하고 있는 것은 가족이 저항하기 때문이 아니다. 그것은 자신에 대한 변명에 지나지 않는다. 다운사이드 리스크에의 대항책이나 대응책이 되어있지 않기 때문이다. 전직하여 새로운 인간관계에 융합될 수 있을 것인가, 자신의 실력으로 확실하게 일을 처리할 수 있을 것인가. 그런 걱정이 있는 것이다.

스즈키 선생 스타일로 정리를 하자. **1.** 일과 시간의 자원분배. 일의 품질에 관해서는 어떻게 될 것 같은 기분이지만 자립을 요구하는 만만치 않은 환경에서의 업무에는 익숙하지 않다. 시간과 품질의 압박 속에서 충분히 싸울 수 있을지 자신이 없다. **2.** 인간관계. 전혀 다른 밥을 먹어왔던 새로운 동료들과 잘해 나갈 수 있을지도 불안하다. 지금까지는 동부전기라는 큰 조직 속에서 때론 실패를 해도 적당히 얼버무릴 수 있었다. 자신의 업무관리가 약간 허술해도 리스크는 느끼지 않았다. 전직해서도 척척 일을 처리할 정도의 시간배분이나 효율적인 업무의 습관을 몸에 익히고 있다고는 말하기 어렵다.

업무상의 인간관계도 지금까지 20년 넘게 길러왔던 자산이 기본이 되고 있다. 다소 들쑥날쑥한 접근방식을 취해왔지만 관계가 끊어지거나 하지는 않았다. 하지만 새로운 직장에서 전혀 새로운 관계가 구축될 수 있을지는 상당히 걱정스럽다. 요컨대, 장기고용으로 긴장감을 잃었다고 말할 수 있을지도 모르지만 최소한의 리스크로 일을 하는 관습이 붙어 있다. 이제 와서 리스크가 큰 일에 익숙해질 수 있을 것인지. 이것이 본질적인 문제다.

모리는 서둘러 e메일을 치기 시작했다. 물론 수신은 아베와 스즈키다. 실로 오랜만에 세 사람은 얼굴을 마주했다. 장소는 지난번에 만났던 카나유니다.

스즈키 | 메일은 읽어 봤어. 야... 근데 장문의 메일에 깜짝 놀랐는데, 자신의 이해관계자 분석, 가족 = 주주론, 가족 IR은 재미있었어. 모리답지 않은 예리한 분석이던데. 엇, 미안. 하지만 컨설턴트라는 게 시간만 걸리는 일이고, 게다가 보안의무 계약이 있으니까 내용은 가족에게도 설명할 수 없지. 결국 리턴 즉 보수가 좀 높을까말까한 부분에서만 주주님이신 가족을 납득시킬 수 있지. 우리 집은 이혼 직전이다. (웃음).

아베 | 나는 구조조정될 사원을 제2의 인생으로 기분좋게 떠나보내

기 위한 아웃 프레스먼트 프로그램에 관여했던 적이 있어. 미국에서는 중간관리직뿐 아니라 임원 대상 아웃프레스먼트 업무도 있는 것 같더라고. 제대로 비서와 개별 사무실을 주고 퇴직 이후의 일을 찾도록 하더군. 이 업계의 정평 있는 컨설턴트한테 배운 바에 비추어 보아도 모리의 생각은 정당하다고 말 할 수 있지.

가장 중요한 것은, 자신과 가족의 생애를 보내는 방법에 대한 기대감의 수정이라고 하더군. 보수가 내려가도, 밥을 굶을 정도는 아니라고 해도, 인생의 즐거움이나 생활패턴은 크게 수정하지 않으면 안 돼. 부인에게 세상물정을 알게 하는 것도 중요하고. 실제로 아웃 프레스먼트 업무의 중심은 카운슬링이라고 하더라.

모리 | 그래서 본론인데 말이야, 나 해낼 수 있을까.

아베 | 할 수 있어. 너 정도의 잠재능력이라면.

스즈키 | 이봐 아베, 모리가 고민하고 있는 것은 실력이나 잠재능력이 아니야. 힘을 발휘할 수 있을 만큼의 기술이 있는가 하는 거지. 우리도 전직 직후에는 상당히 고생했었잖아.

아베 | 미안, 미안. 객관적인 입장에 서는 것을 깜박 잊고 말았네. 그럼 오늘은 「신바시 비즈니스 스쿨」의 보강이라는 기분으로 「자립할 수 있는 업무기술」에 관해 이야기할까.

✱ 시간이라는 자원을 효율적으로 분배하라

모리 | 두 사람 덕분에 겨우 5C의 틀에 맞춘 작업이 익숙해졌어. 아웃 풋 품질도 약간 상향되었다고 생각하고. 단 어디까지나 「땅 짚고 헤엄치기」라는 인상이야. 정말 바다에 나가면 큰일이지. 특히 전직해서 맡은 업무가 흑자전환사업이라면 업무량은 어마어마할 것이고, 임기응변으로 동분서주하지 않으면 안 돼. 대기업 엘리트가 중소기업으로 옮겼더니 전혀 쓸모가 없었다는 이야기 자주 듣는 말이잖아. 나는 괜찮을까.

아베 | 분명히 그런 리스크는 있지. 자네라면 바로 극복할 수 있을 거라고 내가 자신있게 말을 했지만 처음에는 당혹스러울 거야. 지금의 동부전기보다 훨씬 부드러운 조직, 일의 분담 속에서 자신이 해야 할 일, 사람과 부대끼는 일, 하지 말아야

할 업무를 판단하고 처리해야 하니까.

스즈키 | 아베는 성격적으로 일에 빈틈이 없는 사람이니까 괜찮지만 나는 딱 부러지게 일 처리를 못하는 인물의 전형이었지. 뭐든지 욕심사납게 머리를 처박고 이것 찔끔 저것 찔끔 먹어치우고 시간이 부족해지면 밤을 새우거나 토요일, 일요일까지 일을 하는 타입이었으니까.

모리 | "이었다"는 말은….

스즈키 | 무리를 해서 몸을 상하거나 모든 걸 망치거나 해서 컨설팅 업계에서 사라져간 젊은 친구들도 많지. 나도 35세까지는 척척 일을 해낼 수 있었지만 그 이후에는 체력도 지력도 따르지를 못해서 아베처럼 야무지게 일을 하는 방법을 도입하지 않으면 더 이상 해나가지 못할 지경이 되었지.

아베 | 이 분야에 관해서는 거꾸로 내가 스즈키에게 한 수 가르친 셈이야. 그것을 스즈키가 전략론으로 마무리 지었지.

모리 | 전략론?

스즈키 | 맞아. 유한한 시간을 분배함으로써 최고의 아웃풋 품질을 얻고자 하는 것이니까. 자원배분론이라고 하는 전략론의 왕도지. 단계는 세 가지다. **1.** 기왕에 주어진 시간을 정확히 파악. **2.** 자원을 투입해야하는 일의 선택과 집중. **3.** 행동면에서 성공의 요점을 놓치지 않을 것.

모리 | 주어진 시간이란 것은 그다지 의식하지 않았는데. 막연히 바

쁘다든가 여유가 있다든가 하는 느낌만 갖고 있었어. 기본적으로 일은 상사로부터 굴러 떨어질 것이라는 생각에 스스로 선택하고 집중하는 의사결정도 해본 적이 없어. 시간관리의 요령에 관해서는 성공법칙을 알지 못했다고 말할 수 있겠군. 전형적인 대기업 샐러리맨의 업무스타일일지도 모르겠지만.

스즈키 | 주어진 시간을 파악하는데 시간의 절대량이 중요한 건 아니야. 오히려 양질의 시간을 얼마나 가질 수 있는가 하는 것과, 어디에 그 시간이 쓰이는가를 파악하고 있는 것이 중요한 거지.

기계적으로 "이 시간이 비어 있으니까 여기서 일을 하자"라는 식의 발상은 금물이야. 그 시간이 되어도 기분이 내키지 않거나 필요한 사전작업이 완료되어 있지 않거나 해서 일만 질질 끌게 될 가능성이 있지. 이를 최소한으로 하기 위해서는 자신의 일 스타일을 파악하고 있어야 돼. 우선은 **1.** 두뇌가 명석한 시간을 확보하기 위한 장소. 수면. 휴식, **2.** 집중력을 유지할 수 있는 길이, **3.** 재료의 준비에서부터 사고의 발효까지의 기간, 이 세 가지 점에 관해 스스로를 파악하는 것이야.

모리 | 시간의 「질」이 포인트구먼.

스즈키 | 5C의 작업을 예로 든다면 각각의 단계에 따라 추구할 수 있는 시간 품질의 레벨이 전혀 다르다는 것을 알 수 있을

거야.

collect 단계에서는 그다지 질이 높은 시간이 아니어도 좋아. 그러나 create 단계에서는 두뇌가 명석하게 활동하라는 「황금의 시간」을 확보할 필요가 있지. 심신의 컨디션이나 장소에도 좌우되고. 지나친 휴식은 금물이지만, 지나친 피로 또한 나빠. 엔진은 걸려 있는데, 여유가 있는 시간이 아니면 안 되지. 또한 자신이 가장 사고에 집중할 수 있고 방해받지 않는 상황을 준비해야 해. 차 속, 이른 아침의 공원, 혹은 점심시간의 회의실 등, 어디든 좋아.

정밀한 비판적 사고가 요청되는 confirm 단계에도 「순은의 시간」 정도가 필요하다. crystallization 단계는 기입하는 작업이야. 골격이 되는 사고 작업은 마친 상태니까 방해만 받지 않는다면 어느 정도는 피곤해도 가능해. 「청동의 시간」 정도 된다고나 할까. communication 단계에는 소란스러운 편이 현장감이 있어서 좋을 수도 있지.

같은 「시간」이라도 황금, 순은, 청동의 시간으로 랭킹을 매겨 놓아야 효율적인 작업을 할 수 있어. 또한 집중력 지속 시간은 그날그날에 따라 다르지. 자신의 한계를 알아두어야 해. 내 경우는 길게 집중해봐야 세 시간이지만, 원칙은 두 시간 이내. 하루에 2회까지는 집중할 수 있으니까 금이나 은의 레벨이라면 최대 두 범위야. 예정시간 안이라도 피곤하면 무리하지 않고 다른 작업을 하여 머리를 식히곤 해. 마지막은 업무의 시간 축. 그중에서도 창조적 사고를 요하는 작업은 적절한 타이밍을 어떻게 잡을 것인가가 관건이 되지. 말로는 잘 되고 있다고 해도 매듭이 지어지지 않는 일이 많아. 내 경우는 「청동의 시간」 언저리에서 생각하기 시작해서 2-3일 후에 「황금의 시간」을 갖곤 해. 머릿속에서 재료를 성숙시킬 시간을 수 일간의 간격으로 스케쥴링하는 것이 특징이야.

모리 | 과연, 질까지 고려하면서 스케줄 관리를 해야 하는 건가. 잘만 하면 효율이 오를 것 같은데.

업무를 분류하고, 선택하고, 집중하라

스즈키 | 하지만 남의 장단에 맞춰서 업무를 떠맡으면 일을 그르칠 수가 있어. 할 수 있다고 맡아 놓고 못하는 것보다 못하겠다고 말하고 할 수 있는 만큼 하는 쪽이 낫지. 사전에 못한다고 말하면 관리직은 다른 사람에게 일을 넘길 수가 있어. 뭐, 인건비에 합당한 만큼 해주지 못하면 곤란하지만.

모리 | 요컨대, 무리를 해서 리스크를 쥐고 아무거나 맡아버리면 전체 계획이 틀어진다는 말이지.

스즈키 | 그렇지. 내 경우는 「업무 포트폴리오 매니지먼트」라고 이름붙이고 업무를 간단하게 네 가지로 분류해. 어느 업무에서 점수를 따고, 어느 업무에서 난관을 극복하거나 도전적 테마로의 투자를 집행할 것인가를 결정하는 구조야.

첫 번째 분류,「버리는 업무」. 기대성과도 대단한 것이 없고 힘든 일이야. 이것은 주위에 큰 폐를 끼치지 않는 한 맡지 않아. 두 번째 분류는「헤지(hedge) 업무」. 기대성과가 낮아도 자신있는 업무야. 어느 정도는 우선도를 높게 두지만 이런 일만으로는 평가받을 수 없기 때문에 어디까지나, 철저히, 보조적인 우위를 둘뿐이야. 세 번째 분류는「수확하는 업무」. 기대성과가 높고 자신있는 업무지. 자신의 존재가치를 증명하기 위해서 확실하게 확보하고 우선적으로 해결해. 이를 잘 처리해두면 다른 데서 실패를 해도 해고는 당하지 않는 법이야.

「수확하는 업무」를 중심으로「헤지 업무」를 플러스 하고, 어느 정도 성과를 내는 업무를 우선적으로 행하는 거야. 하지만 딱딱한 일만 해서는 재미가 없으니까 비율을 컨트롤하면서 네 번째 분류, 즉「투자하는 업무」에 손을 뻗치지. 기대성과가 높지만 힘들거나 어렵고 현재의 기대결과는 높지 않지만 미래의 자양분이 되는 업무야. 이 네 번째 일이 없이「헤지 업무」와「수확하는 업무」만으로 살아간다면 장래는 없어. 또, 네 번째 일만으로도 성과가 안정되지 않아 나자빠지기 십상이야. 결국 균형이 중요한 거야.「버리는 업무」를 선택하는 대신에 맡는 업무는 반드시 해 내는 자세로 스스로를 채찍질해야 해.

모리 | 업무 내용의 선택과 집중에도 자신의 머리를 써야하는 거구나.

스즈키 | 이렇게 해서 시간과 업무를 5C의 공정으로 나눠서 배분해. 바쁜 업계에서 최초로 마스터해야 하는 것은 시간과 업무의 관리야. 이것이 가능해지게 되면 스트레스를 비교적 억제하면서 안정적인 퍼포먼스를 얻을 수 있지.

마지막으로 예전에 아베로부터 배우고 그 후에 조금 수정했던 「시간관리 10계」를 소개해 두도록 하지.

제1훈 스케줄 표는 계획서. 하루에도 몇 번씩 들여다본다.

제2훈 항상 2주 앞의 것까지 머리에 넣어둔다.

제3훈 작업공정 숙독은 상상력. 활동을 이미지한다.

제4훈 자기 혼자만의 시간에서도 회의하는 것처럼 어프로치한다.

제5훈 일체의 방해를 받지 않는 혼자만의 장소를 찾는다. 전철, 자동차, 화장실도 가능.

제6훈 8시에서 19시까지만 일한다. 토요일이나 일요일 중 하루는 완전한 휴식을 취한다.

제7훈 생각하기 전에 재료를 머릿속에 마구 집어넣는다. 잠들기 전이 유효.

제8훈 가능하면 점심식사를 하러 외출하지 않는다. 그만큼 빨리 돌아오는 게 이득이다.

제9훈 잘게 나눈 시간은 황금의 시간. 업무는 15분 단위로 잘게 나눈다.

제10훈 집중과 이완의 밸런스를 중시. 긴장상태가 계속되는 것도, 이완상태가 계속되는 것도 금물.

아베 ㅣ 이것은 스즈키 스타일이네. 내 것과는 살짝 다른데. 모리도 자기 업무 습관에 맞는 룰을 만들어보라고.

인간관계를 어떻게 할 것인가

모리 | 업무관리 = 시간관리에 상당한 힘을 쏟고 있다는 것을 알겠어. 여기서도 전략이 관건이군. 버릴 것과 우선순위를 명확하게 의식할 것. 이것이 가능하면 살아갈 수 있을 것 같아. 하지만 자신의 업무는 자신이 노력하면 할 수 있을 것 같지만 문제는 「인간관계」지. 상대가 존재하는 세계니까. 간혹 운 나쁘게 독한 상사를 만나도 지금의 회사라면 2-3년 참으면 어느 쪽이든 이동하는데. 전직하면 그렇게는 되지 않을지도 모르지. 상사와 맞지 않아서 실적을 올리지 못한다면 그건 비극이야.

아베 | 그것은 고용하는 측도 마찬가지야. 애써 고용했는데 문화, 즉 사풍과 맞지 않는 케이스도 있어. 채용면접에서 업무능력

에 합격점을 주었더니 나중에는 슬그머니 문화의 매칭을 걱정하는 수가 있어. 신중하게 면접을 해도 완벽하다고 말할 수는 없지만.

모리 | 하지만 스즈키는 컨설턴트로서 여러 회사에 가겠지? 아베도 여러 회사에 투자하고 말이야. 궁합이 전혀 맞지 않으면 고용도 투자도 하지 않겠지만, 업무가 시작되고 나서 "낭패다"싶을 일도 있을 텐데.

스즈키 | 나는 상당히 개성이 강하고 제멋대로인 타입이라서 클라이언트와의 인간관계 구축에 고생한 경우도 많았지.

모리 | 과거형을 쓰는 거 보니, 이 또한 전략으로 극복한 모양이군.

스즈키 | 그렇다고 할 수 있지. 전직 초기에는 나의 에고라고나 할까 밀어붙이기가 너무 강해서 가는 곳마다 싸움을 했어 「파이팅 컨설턴트」같은, 전혀 고맙지 않은 별명까지 얻을 정도로. 그래서 아베 선생의 지도 하에 수련을 거듭했지.

아베 | 스즈키가 외향성이 너무 강하다고 하면 나는 내향적인 편이지. 사람 사귀기가 힘들어서 고생을 했어. 최초의 실패는 너무 신경을 썼기 때문이었고.

모리 | 신경을 쓰는 게 나쁜 건가?

아베 | 그건 사회인으로서의 예의도 잊고 윗사람에게 뻔뻔스럽게 접근하거나 예전의 스즈키처럼 클라이언트의 결점을 발견하면 옳다구나 하고 바보네 멍청이네 공격해대는 것은 논외야.

하지만 추종하는 자세를 강조해서 상대방의 안색만 살피고 호전시키려고 하면 인간관계는 오히려 악화하는 법이거든.

스즈키 | 나도 지나치게 공격적이어서 클라이언트와의 관계가 무너지게 되었을 때, 추종노선으로 전환을 했었는데, 대실패였지. 파트너라는 입장에 선 지금은 알지. 부하의 얼굴에 "나는 당신에게 아무런 흥미도 존경심도 갖고 있지 않습니다. 윗사람이니까 이따금 아부하는 것뿐입니다"라고 써있는 것 같은 일이 있으니까.

✱ 인간관계, 신경을 쓰기보다 머리를 써라

스즈키 | 인간관계에 힘들어하고 있을 무렵, 존경하는 대선배 컨설턴트가 해준 말이 「신경을 쓰지 마라, 머리를 써라!」라는 한 마디였어. 처음 들었을 때는 몰랐는데, 1년쯤 지나니까 알 것 같더라고. 요컨대 기업전략과 같다는 거지.

모리 | 기업전략과 같다고? 무슨 소리야?

스즈키 | 예를 들면, 은행원이 아부성 짙은 표정으로 아무데나 널려 있는 개인대출상품을 팔러 왔다면 어떻겠어?

모리 | 흔히 있는 일이지. 나는 바로 거절해. "나에게 무슨 메리트가 있는 거죠? 설명해 주시죠"라고 말하고 내쫓아버려.

스즈키 | 메리트가 없는 상품을 팔러 오면 바쁜 비즈니스맨은 상대를 안 하지. 인간관계도 대입해 보면 마찬가지 아니겠어?

모리 | 인간관계도 모두 기브 앤 테이크 정신이 기본이라는 건가? 서로에게 적용되는 메리트가 클리어 해야 비로소 인간관계가 구축될 수 있는 건가. 신경을 쓰는 것보다도 어떻게 하면 상대방에게 도움이 될까를 열심히 생각하라는.

스즈키 | 그렇지. 내가 클라이언트와의 관계가 나빴던 것은「무엇이 나쁘다」는 지적은 목소리를 높여서 하지만「어떻게 하면 좋겠다」는 부분이 약했기 때문이야. 이걸 깨닫고부터는「어떻게 하면 좋아질 것인가」를 중점적으로 생각하게 되었어. 최근에는 사소한 인터뷰에서도 주어진 30분 동안 상대방에게 도움이 되는 것이 무엇인가를 찾고, 어드바이스하려고 노력하고 있어. 결코 사람을 대하는 기본자세가 바뀐 것은 아니야. 여전히 뻔뻔스러운 말투를 쓰지만 클라이언트와의 관계는 상당히 건전해졌지. 조금 전의 은행원 예도 그렇지만 이번에는「당신에게 이런 메리트가 있습니다」라며 접근하면 어떻게 하지?

모리 | 일단 이야기는 들어야겠지. 그 메리트가 이제까지는 찾아볼 수 없었던, 정말로 메리트가 있는 것이라면 살 수도 있고.

스즈키 | 그래, 거기에 이미 하나의 요점이 숨겨져 있어.「이제까지 찾아볼 수 없었던 것」, 즉 독자성의 시점. 기업경영전략의 근간은「차별화」야. 같은 것이라면 싸게, 같은 가격이라면 좋은 것을 공급하지 않으면 기업은 살아남지 못해. 인간관

계도 마찬가지야. 나에게는 이런 메리트가 있다,는 차별화를 항상 의식하지 않으면 안 돼.

그러기 위해서는 고객 = 상대의 현재 니즈뿐 아니라 마음속에 있는 잠재 니즈까지 발굴하는 것이야. 우선은 상대의 생활 스타일 전체를 파악할 필요가 있어. 호기심을 갖고 상대를 관찰하고 비로소 이 사람에게는 이런 것을 해준다, 혹은 말해 준다면 도움이 될 것 이라는 사고에 도달하는 것이지.

1. 언제라도 상대방에게는 강한 호기심을 품는다, **2.** 상대로부터도 무엇인가를 배운다는 자세를 잊지 않는다, **3.** 배운 것을 한번 비틀어보아 자신에게는 어떤 부가가치가 있는지를 생각한다, 이 세 가지를 염두에 두면 자연히 상대에게 경의를 표하게 되지. 흥미를 갖는 동안에 인간은 높은 확률로 상대를 좋아하게 되고 그렇게 하면 높은 확률로 상대로부터 호감을 살 수도 있어. 좋은 인간관계를 구축할 수 있게 되는 것이지. 고객뿐 아니라 사내의 상사나 부하와의 관계에서도 마찬가지야.

모리 | 생각하면 동부전기에서도 출세하는 사람은 「신경을 쓰는 사람」이 아니라 「머리를 쓰는 사람」이더군. 사내에서는 교류 기간이 긴만큼 상대의 심층 니즈를 파악하기 쉬울 뿐이고 원칙은 같은 것인가. 외부 세상에서는 이 심층 니즈를 한정된 시간 안에 효율적으로 파악하지 않으면 안 되는 거구나.

스즈키 | 내 업무 중에서, 인터뷰를 하고 정보를 모으는 일이 있어. 1시간 내에 상대의 진심을 파악하지 않으면 안 되지. 취재술은 필수지만 근본은 인간관계 구축술과 마찬가지야. 짧은 시간 안에 좋은 질문을 하고 상대와 함께 막판에 올라 심층을 파악하는 거지.

1시간 인터뷰라면 50분 정도는 상대방의 경험이나 그가 말하고 싶어 하는 것을 열심히 듣는 거야. 거기서 얻는 단편정보로부터 상대방의 사람됨과 요구에 관한 가설을 세워 질문을 던지는 거지. 50분 동안 의기투합 하고 나서 "미안합니다"라며 이쪽이 듣고 싶어 하는 것을 물어. 마지막에는 한 시간 나와 이야기해서 좋았다고 느끼게 하기 위한 어드바이스이자 정보전달을 해주지. 인터뷰는 상대의 니즈, 이쪽이 듣고 싶어하는 것. 상대의 메리트에 관해 동시진행으로 뇌내처리하지 않으면 안 되기 때문에 매우 힘들어. 한 시간 만에 녹초가 되지.

인간관계는 기업의 마케팅 전략을 모방하여 실행하면 되는 것이야. 커뮤니케이션 전략의 사고방식과 공통점은 많거든.

모리 | 고마워. 너희들 덕분에 다음 과정을 생각할 용기가 생겼어.

아베 | 그래? 그 이야기를 들어볼 수 있을까?

모리 | 보채지 말라고. 우선은 제대로 인터뷰를 받아 볼 생각이야.

가족 IR활동과 병행해서 말이야.

스즈키 | 기업경영을 생각하는 「툴」로서의 「전략」은 우리 자신의 매니지먼트에도 응용할 수 있다는 것을 알게 되었겠지.

우리도 기업전략을 인생에 적용하여 「나를 바꾸는 전략」의 체계를 구축할 수 있을지도 모르지. 기업전략과의 유사성은 명백해. 기업은 우선 비전으로서의 이해관계자의 균형을 고려한 큰 방침을 만들지. 경쟁에 이기고 그 비전을 달성하기 위해서는 차별화 전략의 입안이 관건이 되고. 그리고 차별화를 실현하기 위해서 유한한 경영자원의 최적배분을 결정해. 이 과정에서 버리는 전략이 실천되는 것이야.

40대 비즈니스맨도 마찬가지지. 우선 새로운 눈으로 이해관계자와의 관계를 바라보고 인생의 비전을 결정하는 거야. 40대의 전형적인 화이트칼라가 살아남기 위한 차별화 전략은 인간관계 매니지먼트 속에서 구축되지. 또한 시간자원의 제약은 나이를 먹어감에 따라 극명해지므로 자원배분전략, 즉 업무와 시간의 매니지먼트가 전략실행상의 열쇠를 쥐게 돼. 유한한 시간자원 속에서 최대한의 효과를 거두어들이는 작전, 그것이 살아남는 열쇠가 될 것이야.

에필로그 - 결단을 내리다

모리는 아베가 권하는 대로 채용면접에 임했다. 앞서 말한 일렉트로닉스 회사의 사장, 주요간부뿐 아니라 아베가 근무하는 외국계 회사의 외국인 간부와도 면접을 했다.
여전히 영어는 힘들었지만 횡설수설하지는 않는 정도였다. 비즈니스 이야기라면 그런대로 할 수 있을 것 같았다. 면접에서는 분석력에 관한 질문을 받았는데, 열심히 머리를 써서 의식을 집중한 덕분인지 상당히 즐길 수 있었다. 반응은 충분하지는 않았지만 첫경험인 전직면접 치고는 훌륭한 성과인 듯 하다.
면접이 끝나고 모리는 응접실에서 아베와 만났다.

아베 | 너를 소개하길 잘 했어. 평가가 좋더라고. 성실한 실무가라는 평가를 받은 것 같아.

모리 | 하지만 영어는 아직 멀었고 생각하는 힘도 분석력도 발전단계야. 내 실력이 부족하다는 걸 통감했다. 뭐, 아주 망쳤다고는 할 수 없지만 아주 비싸게 팔릴 정도의 면접결과라고는 말할 수 없을 것 같은데.

아베 | 친구니까 분명히 말하지. 확실히 실현능력에서 보면 너보다

높은 평가를 얻는 후보가 여럿 있어. 하지만 우리 회사 간부들이 한결같이 네게 매료된 이유는 강한 학습의욕 때문이야. 자네가 이제까지의 경험에 안주하지 않고 틀을 부수고 자신의 스타일을 만들어가려 하는 자세가 우리 간부들에게 좋은 인상을 준 거지. 자네는 뻗어나갈 것 같다, 자네에게 맡겨보고 싶다고 내 상사가 말했어. 빨리 결정하도록 해. 가족들의 반대가 장애가 되는 건가?

모리 | 아니, 가족은 찬성이야. 맥이 다 빠지더라고.

아베 | 가족 IR의 승리인가?

모리 | 분명히 그게 도움이 되긴 했는데 식구들도 내가 생각했던 것 이상으로 세상 돌아가는 공부가 되어 있더라고. 그냥 이대로 내가 「대기업 샐러리맨」으로 있는 것에 불안을 느끼고 있었던 모양이야.

아베 | 그럼 아무 문제도 없는 거잖아. 그럼 빨리 예스 하라고. 모리와 함께 일할 수 있다니, 정말 재밌겠는데.

모리 | 잠깐만 시간을 줘. 아직 마음의 정리가 안 되어 있어. 폐가 되지 않는 범위 내에서 빨리 답을 해줄 테니까, 앞으로 1주일만 시간을 줘.

아베 | 1주일? 그렇다면 좋아. 다른 후보자도 너와 근소한 차이로 남아 있는 것 같으니까. 하지만 네가 적임자야. 꼭 결정해. 나쁜 생각은 하지 않을 테니.

모리 | 알았어.

사실 모리는 전직할 마음이 사라져버렸다. 나름대로의 평가를 받은 것은 뜻밖의 기쁨이었다. 분명 지금의 실력 자체가 평가받은 것은 아니다. 스즈키, 아베로부터 지도를 받았고 그 후에도 노력과 연구에 힘써왔다. 그러나 그렇게 간단하게 나 자신이 바뀔 리는 없다. 그래도 학습하는 자세는 평가받은 듯 하다.

40세가 되고 가장 처음 느낀 것은 비즈니스맨 인생의 종말을 향한 발자국 소리였다. 총정리하는 마음으로 나 자신에게 결여되어 있는 스킬을 보완하고자 하는 기대에서 신바시 스쿨의 비밀과외를 시작한 것이었다.

어떤 방침으로 무엇을 공부할 것인가. 그것도 엄격한 시간적 제약 속에서 어떤 우선순위를 매길 것인가. 스즈키와 아베는 그 방법론에 관해 「전략」적 사고방식에서부터 풀어나가 주었다. 그 결과 신기하게도 다시 한번 공부해보자는 의욕이 자연스레 일어났다. 지금의 모리는 종말을 향해 달리는 샐러리맨이 아니다. 새로운 출발선을 끊고 새로운 자극과 환경에 몸을 맡긴다. 논리적으로는 지극히 당연한 결론이 날 듯 했다.

그러나 뜨거운 열정이 끓어오르는 느낌은 없다. 러브콜을 받고, 면접에서 좋은 평가를 받은 것은 솔직히 기쁘다. 자랑스럽기도 하다. 그러나 그뿐이었다. 리스크가 두려운 것도 아니다. 아베도 있다. 조건도 나쁘지 않다. 예상과는 달리 보수도 오를 것 같았다. 힘도 생기겠지.

왜일까. 왜 마음 깊숙한 곳의 열기가 끓어오르지 않는 걸까. 스스로에게 몇 번이나 물어 보았다. 답을 구할 수 없는 모리는, 스즈키를 찾았다.

모리 | 전직 이야기 말이야, 그 쪽에서 오퍼가 왔어.

스즈키 | 그거 잘 됐네. 아베가 기뻐하겠어.

모리 | 근데 말이야, 그다지 마음이 내키지가 않아. 이유를 모르겠어. 러브콜을 받은 것에는 만족을 하고 있어. 그런데 막상 닥치니까 갑자기 동부전기가 불쌍하다는 기분이 드는 거야. 논리적으로는 웃기지. 더군다나 스즈키가 보기에는 바보같을 거야.

스즈키 | 너는 등을 떠밀어주기를 바라는 거냐, 아니면 붙잡아주기를 바라는 거냐.

 오늘의 스즈키의 얼굴은 평소의 전략 컨설턴트의 그것이 아니었다. 그 가면을 벗은 그리운 옛 동료 스즈키의 모습이었다.

스즈키 | 나도 그만 두고 싶지 않았어, 동부전기를.

모리 | 뭐?

스즈키 | 나는 많은 것을 잃었지. 추억, 동료....... 그리고 진정한 도전의 기회를.

모리 | 하지만 손에 쥔 것도 많잖아. 스킬에 지위, 돈까지...

스즈키 | 내가 컨설턴트 일을 계속하는 이유는 우리나라 기업에 공헌할 수 있기 때문이야. 동부전기에서 할 수 없었던 것을 다른 곳에서 하고 싶었을 뿐이지. 동부전기를 그만 둘 때, 존경하는 선배가 말하더군. "열심히 일하고, 다시 돌아오게나" 라고. 지금도 반은 진심으로 그런 기회가 오기를 기다리고 있어.

전에, 우리 40대는 변혁진공층이라고 말했었지. 그 한편으로 옛날의 우리 기업과 새로운 우리 기업을 등거리에서 볼 수 있는 재미있는 포지션이라고도 말할 수 있지.

모리 | 확실히 입사하고 처음 10년, 1981년부터 1991년 전후에는 우리나라 기업이 세계로 비상하는 존재였다고 말할 수 있는 시기였지. 종신고용, 중장기 지향......, 그런 것들이 우리기업의 강점으로 인식되고 있었지. 그 이후로 10년은 나쁜기업이 되고 말았지만...

스즈키 | 그리고 지금, 국내기업은 향후 10년간 새로운 경영 모델을 창조하는 출발점에 서 있어. 성공할지 실패할지는 알 수 없지만 새로운 무언가가 시작될 것이야. 좋았던 때와 나빴던 때 모두를 알고 있는 우리가 새로운 시대를 만드는 리더가

되는 거야. 신바시 비즈니스 스쿨을 열었던 것은 모리를 다시 한번 출발점에 데리고 가서 자극하기 위한 것이었어. 자신과 도전하는 기분을 갖게 해주고 싶었을 뿐이야.

모리 | 스즈키, 너는 그 차기 국내기업의 경영 모델을 창조하는데 일익을 담당하고 싶은 거로구나.

스즈키 | 나는 너무 초조하게 굴었지. 좋았던 국내기업 10년 근무하면서 "이래서는 안 되는데. 나는 변화가 필요해"라는 의식에서 전직을 결정했지. 하지만 언젠가 고향인 동부전기에서 개혁을 완수하고 싶다는 의식은 줄곧 갖고 있었어. 옛 기질인 의리와 인정의 세계도 새롭고 드라이한 경제합리주의의 세계도 이해할 수 있는 것이 우리 세대니까 말이야. 하지만 결국은 의리와 인정의 세계에 끌리게 되더라.

모리 | 나도 뭔가 소중한 것이 남아 있는 느낌이야. 그래서 전직에 강한 매력을 느끼지 못하는 모양이군.

스즈키 | 모리, 그만두지 마라. 동부전기에서 도전해 봐.「회사를 바꾸는」도전에 참전해보라고. 아베도 너의 마음을 이해해줄 거다. 너도 국내기업도 동부전기도, 이제 막 새로운 출발점에 선 거다. 내가 해내지 못했던, 고향을 바꾸는 역할을 맡아주길 바래. 그것이 너에게 주어진 사명이라고 생각한다.

모리 | 스즈키, 고맙다, 붙잡아 주어서. 너희들 덕분에 다시 한번

도전할 마음이 생긴 것 같아. 미지의 세계를 탐구해서 새로운 것을 창조하고 싶다. 그 과제가 희미하게 보이는 듯 해. 40세는 끝이 아닌 시작이었어. 그런 느낌이다.

앞으로 몇 년, 일선에서 승부를 할 수 있을지 모르지. 어쩌면 남겨진 시간이란 게 기껏해야 2-3년뿐일지도 모르고. 하지만 마지막까지 회사를 바꾸고 나를 바꾸는 여행을 계속할 결심이 섰어. 그 무대는 이제부터 바뀌어 갈 우리나라 기업일 뿐이다. 동부선기에서든 관련 자회사든 어디든 좋아.

나는 앞을 향해 이 인생을 우리나라 기업의 변신을 위해 바치고 싶다. 너로부터 배운 학습하는 자세는 평생 잊지 못할 거야. 서로의 역할은 다르지만 힘닿는 데까지 잘해보자.

"우리 40대가 나라를 다시 한번 되살릴 것이다!"

저자 후기

최근에 일본기업에 근무하는 클라이언트들과 만나는 기회가 늘고 있다. 40대 후반부터 50대 초반이 대부분인데, 그들은 제2의 인생으로의 여정을 앞두고 있는 듯이 보였다.

다음 직장에 대한 기대에 가득 차 있는 사람도 있다. 그러나 대부분은 말할 수 없는 불안을 품고 있는 듯이 보였다. 전직 경험이 두 차례 있는 필자 입장에서 보면「어떻게든 될 겁니다. 환경이 바뀐다는 것은 즐거운 일이지요」라고 말해 주곤 하는데, 불안한 듯한 얼굴을 보자면 그런 속편한 소리는 도움이 못된다. 어쨌든 우수한 두뇌와 훌륭한 인격을 갖추고 있지만 처음 감행하는 전직으로 인해 불안과 약간의 자신감 상실이 보여지는 경우가 많았다.

나는 많은 40대 샐러리맨과의 친교를 갖고 있다. 그중에서 몇 사람은 지금 금방이라도 자기 회사에서 컨설턴트로서 의욕적으로 일할 만큼 실력을 갖고 있다. 그러나 그러한 이야기를 해도 귀담아 듣는 사람은 아무도 없다. 자기 회사에 문제가 있는지 어째서 새로운 세계로 도전하지 않는지 물으면 어김없이 돌아오는 대답이「자신이 없다」고 하는 말이다. 그럴 리 없다. 반드시 크게 기여할 수 있다. 그러한 나의 진단을 제대로 전달하지 못하고 있다.

일반적으로 외국계 컨설팅 회사는 30대 초반 전에 MBA을 취득해야 채용되는 것으로 오해하고 있는 것 같다. 그러나 필자가 근무하는 회사에서는 MBA를 취득하지 않은 사원도 많이 있다. 40대 신입도 있다. 모두 우수하다. 처음에는 불안한 듯한 표정이었던 사원 대부분이 컨설턴트로서 성공하고 이제는 자신만만한 표정으로 여유롭게 일하고 있다. "MBA가 없으니까. 영어가 잘 안되니까. 컨설턴트 같은 유망직에 있을 만큼 스킬이 훈련되어 있지 않으니까....." 그런 이유로 자신감을 갖지 못하고 있는지도 모르겠다. 이런「가설」을 설정하고 "그런 일은 없다. 여러분 모두는 곧 달라진다. 자신감을 갖고 어디서든 통용될 수 있는 비즈니스맨으로 바뀔 수 있다. 그것은 스킬을 몸에 익히는 것으로도, 자격증 없이도, 할 수 있다는 생각만으로 스스로를 바꾸는 것으로 가능해 진다"는 생각을 전달하기 위해 이 책을 썼다.

실제로, 최근 14년간의 외국계 생활에서 가장 고민스럽고 힘든 것은 능력도, 스킬도 아니다. 의식의 매니지먼트였다. 언제라도 자신의 눈을 신뢰할 수 있도록 맑고 안정된 마음을 어떠한 상황에서라도 유지하는 것이 최대의 도전이다.

"자신감이 상실된 듯하다"고 느끼는 40대들이 이 책으로 인해 도전정신을 되찾고, 자기신뢰를 강화하고 자립하기 위해 다시 일어서고 싶은 기분이 되는 것을 기대한다. 즉 "이 정도의 기본스킬로 컨설턴트를 할 수 있을까" "이 정도라면 나도 할 수 있다" "그렇다면 한번 해볼까"라는 의식을 갖게 하는 것이 목적이다.

본서가 다루는 키워드는 「전략」이다. 평소 클라이언트 기업의 「전략」을 입안해왔던 그 기술을 「사고법」 「분석수법」 「커뮤니케이션 기술」 「시간관리법」 「인간관계 구축술」에 응용하면 새로운 40대가 습득해야 할 스킬에 관한 사고방식이 보이기 시작할 것이라고 느끼고 있었다. 본서에서는 필자의 체험으로 이러한 제반 스킬에 관해 「전략」의 시점으로 설명을 덧붙였다.

동시에 달랑 칼 한 자루로 맞서온 신분이 불안정한 외국계 컨설턴트라 할 수 있는 필자가 무엇을 생각하고 무엇에 괴로워하며 무엇을 하려하는지. 그것을 여러분에게 전달하고 싶었다. 그리고 그다지 능력 없는 필자가 마음가짐과 자립한다는 의식, 그리고 비즈니스 세계에서 살아가는데 필요한 몇 가지 지혜로 어떻게든 생존하는 모습을 정직하게 전달하고 싶었다.

단 역량의 한계로 인해, 목적한 바를 이룬 책을 완성했는가에 관해서는 솔직하게 말해서 자신이 없다 (자신감을 가지라고 말하는 필자가 자신이 없다는 말을 해서는 안 되겠지만).

 끝으로, 이 자리를 빌어서 지금까지 나를 도와주신 많은 분들에게 감사를 표하고 싶다.

45세 생일에 야마모토 신지